這是父親唯一留下的一張合照，站在 C 位的是我，後排右一為父親

1987 年中日龍石盃軟式少棒錦標賽獲得冠軍，第二排右四是我；後排右一是我的啟蒙教練陳堯

泰源國小合影，我在前排左二

1987 年臺東縣全縣暨後備軍人運動大會，第一排左四是我

1991 年第三屆 IBA 世界青少棒錦標賽，到澳洲比賽時的寄宿家庭

看到了嗎？我的頭髮曾經如此飄逸

臨時被徐老師叫去蹲捕

1996 年味全龍合影，加入職棒的第一年

我可是拿過金手套的

陳金茂前輩（中）與羅世幸前輩（右）

我在球場跳瑪卡蓮娜舞

1996 年澳洲之旅，與徐老師（中）和葉君璋（左）合影

1996 年澳洲之旅

1997 年味全美西之旅

單場 MVP

練球

2000 年底到澳洲集訓

2003 年 4 月 29 日
於新莊棒球場擊出
生涯第 100 轟

擊出 100 支全壘打，興農牛球團
特別贈送紀念獎牌

2006 年 5 月 6 日打出超越林仲秋前輩的第 163 號全壘打

2010 年 8 月 22 日打出超越黃忠義前輩的安打

與張家浩合影（喂）

場上受傷是難免的，痛啊

中職史上百轟百盜第一人

壘上衝刺

與東哥黃忠義相擁

與胡志強市長比髮量

200 轟時刻

統一獅球團舉辦 2000 安慶祝活動

LIONS
KENDA
建大輪胎

同隊的韓職球員河載勳

加盟日本獨立聯盟（左為總教練中島輝士）

自願無酬來德島協助我的辣妹翻譯樂樂

參加臺北市商圈產業聯合會及道後商店街振興組合交流會議，中間為德島藍短襪隊負責人荒井健司，右為社長南啟介

和球隊一起參與阿波舞祭

參與淨灘活動

德島阿南球場特有的可愛啦啦隊，
平均年齡六十歲

參加德島電視臺節目錄影

臺灣遊輪觀光船停靠在德島，大喊
我想回臺灣

與愛媛橘子海盜隊的正田樹（左）、陽建福（中）相見歡

德島球團安排活動

可洛、可妮陪我發傳單，有他們陪
伴，讓我在德島生活不孤單

後援會來德島為我加油

澳職加盟記者會

阿德雷德鯊魚隊執行長戴維森（Nathan Davison，左四）帶著外籍選手用餐，右為協助我旅澳相關事宜的好友 Brad

布里斯本俠盜隊來阿德雷德比賽

左為阿德雷德鯊魚隊執行長

與隊友合影

阿德雷德隊友

右二為協助我的 Sally，左一為協助翻譯的志工 Joni

2017 年 11 月 25 日在阿德雷德舉辦臺灣日，由後援會會長龍伯開球，賽後與當地臺灣球迷合照

雪梨開幕戰，後援會來加油

澳職最後一場比賽

在布里斯本比賽，與撿到澳職首轟球的建安一家合影

泰

85

龍魂

球迷一直都在

巔峰狀泰後援會於 2003 年正式成立，感謝這二十年來的不離不棄（左六為前期會長高偉凱，左五為監督管理後援會的現任會長龍伯），特別感謝他們支持我，也陪伴我當志工協助基層棒球

整理資料時，意外發現球迷製作的禮物與我們規劃本書的概念相同

後援會製作的加油大旗

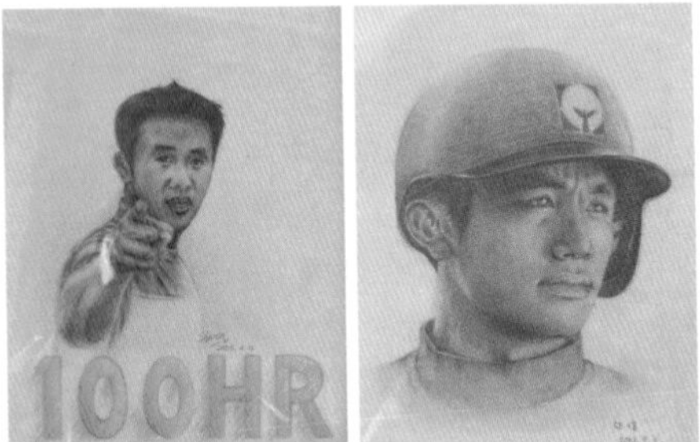

感謝球迷們不斷給予我鼓勵與支持

2001 年第三十四屆世界盃
棒球錦標賽

1998 年曼谷亞運，與韓國球星
朴贊浩（右二）合影

2006 年第一屆世界棒球經典賽

2006 年杜哈亞運獲得金牌

2004 年打點王，由興農牛隊楊天發總裁頒獎，楊總裁就是我敬愛的阿公

2018 年底，自費去日本與橫濱 DeNA 海灣之星秋訓，與時任總教練亞力克斯．拉米瑞茲（Alex Ramirez）學習

職棒七年新人王，
時任味全龍董事長
郭榮祺董事長頒獎

1999 年球場婚禮

前排右為大哥，左為
二哥；後排由右至左
依序為大姊、二姊、
三姊和么姊，非常感
謝家人的支持與陪伴

我最愛的家人

2018 年 12 月 15 日引退儀式

2018 年 6 月 9 日，臺中成棒隊赴日和德島藍短襪隊進行交流賽，球團舉行球衣「永久欠番」儀式，讓 49 號在日本德島藍短襪隊退休

2018 年 9 月 23 日，海峽兩岸城市棒球交流賽季軍賽，是我球員生涯最後一場出賽，臺中成棒隊和棒協為我舉辦引退儀式

感謝你們翻閱我的故事

HOME RUN

森林王子 張泰山

O～EO

張泰山——口述
吳靜宜、洞心時刻——文字整理

推薦序

泰山，歡迎你回家！

曾文誠

那天南下屏東。觀察球隊春訓一直是我球季前的習慣，這一天來到味全龍基地，算起來接近三十年前了，但幾件事記得清楚。首先屏東的陽光直射而下，令人睜不開眼，還好我可以躲在陰涼處看選手操練，看著那一群紅衣選手繞著壘包快速跑步，就見一個不論身形、年紀都和隊中球員不怎麼搭的選手，老是一邊氣喘吁吁地跑，一邊被罵著：「跑快一點！」這四個字的前頭是他的名字：泰山。所以整句的咆哮聲加起來是：「泰山，跑快一點！」

名叫「泰山」，這也太有趣了！但在一旁的我也僅此一念頭而已。如果當時我說已預言到此君後來成就，我如果不是乩童，就是唬爛你的。兩者都不是，所以我或說沒有人可以預料到，這位在屏東球場被罵到臭頭的選手，後來能成為臺灣職棒史上占一席之地的人物。

按本書寫法，泰山的棒球生涯從臺北起，轉到臺中、臺南，然後飛到日本、澳州，最後像跑回本壘般地繞回臺北，他這段人生全壘打之旅多數時間我在旁邊看著，臺灣職棒每個世代選手認識不少，泰山算是當中有話聊、有交情的。書中有些故事曾聽他親口說過，如他兩度要加入當年被我們視為「匪區」的臺灣大聯盟，幾乎都要簽下名字那刻，卻陸續因徐總及戰友葉君璋的一通電話令他打消念頭。當時聽到此事的我心想，這也太像電影情節、太戲劇性了吧！如果當時沒有這些來電或晚點到，甚至處在沒有手機的年代，那之後，是不是泰山的職棒生涯很難OEO了呢？

無法預料但確定的是，儘管我聽過這些故事，號稱「伴隨」泰山長大的我，其實和多數球迷沒有什麼不同，張泰山三個字對我而言，多數時候是和一堆數字串在一起，他獲得的獎項次數、打擊紀錄等等又等等。常這樣想，職棒選手，不論多偉大，其實有時是有點「可憐」的，他們就只是一群背著紀錄的男人，點開維基之類的東西，就這麼冷冰冰地呈現此人在何時寫下什麼成績，如此而已。

所以翻看此書後，浮現而出的是「原來泰山也是人」（奇怪的一句話），他人生成長最令我動容的是描寫小時候吃蝌蚪那段。臺灣有弱勢、貧困家庭是存在的事實，但沒錢到找蝌蚪來吃還是覺得不可思議。泰山是這麼回憶：「媽媽偶爾會帶著我到河邊抓蝌蚪，並將牠們變成飯盒的肉品……」接著還有後續讀來令人心疼的片段。還有什麼？為了求子卻誤食藥品而被禁賽的情節，對我們這些為人父、為人母者，是能感受身為一個人的泰山，多想要「做人」的辛苦一面。再往前推的是，泰山初見靜宜被煞到的瞬間，文字描寫得極生動有趣，我們常形容人沉著鎮靜是「泰山崩於前而色不變」，下一句是「麋鹿興於左而目不瞬」，但看了這段故事，你會想這位名為泰山的棒球選手，初見女友那刻哪有冷靜從容可言，根本是心裡面好幾頭麋鹿撞不停！

這本書自然少不了泰山這些年來在場上的表現，還有多年來那些追隨他的死忠粉絲，甚至有些人追泰山腳步到天涯海角，在澳洲現場不論是冒著「生命危險」爭搶泰山的紅不讓飛球，或是抱著趕不上飛機也要見證泰山最後打席的片段，都值得大家多看幾次，一起感受泰山魅力。

或許，可能讓你覺得不太過癮的是在興農牛、統一獅待得不太開心的泰山，回述這些過往時，採用點到為止的方式輕輕帶過，讓想聽一些八卦、祕密的人可能失望了；不僅如此，在第二章的最後，泰山還以文情並茂的方式，寫了封信給在天上的興農創辦人楊天發先生，信中先親切地叫了聲：「阿公！」問候他老人家在天上好嗎？然後泰山報告了他的近況，且說了些來不及和楊老分享的小祕密，這段有讓我感動到，泰山用這樣方式記憶他的牛隊時代，也正可顯示他的厚道之處吧！

有沒有發現這本書張太太靜宜的篇幅不算小，藉由出書表達對另一半的愛與感謝，張泰山不是第一人，如果你看了官大元、蘇建文、潘忠韋甚至我的書，就會發現我們這些數十年都在外頭、沒有好好顧到家的職棒從業人員，是有多麼感激另一半的辛苦付出，那是發自內心的。我們和泰山都是幸運的一群，所以那天我傳訊息給靜宜寫道：「泰山能娶到妳真的賺很多！」這句話是認真的！

最後的最後，要對從出發一路努力向前的泰山說上一句：「歡迎你回家！加油！」

（資深球評）

推薦序

專心打球，讓人看見努力

我認識泰山是在他十九歲時，先從徐總口中得知這個年輕小夥子，徐總相當看好他的爆發力和潛力。而第一次見面則是泰山到我家時，那張有著梨渦的靦腆臉孔，以及十分壯碩的身材，令人印象深刻。我還告訴過徐總，泰山應該很快就能讓球迷喜愛，可以栽培成偶像球星。徐總笑笑地回我：「專心打球，讓人看見努力，比當偶像的路走得更長。」果然，泰山兩者兼具！

一路走來，或許在別人眼裡，泰山的棒球路貌似順遂，但我看見泰山的棒球路即便稱不上步履維艱，但依然起起伏伏。好在泰山的個性樂觀，思維正向，內心也十分柔軟，一路上披荊斬棘，克服各種困難，更慶幸靜宜一直陪在他的身邊，兩人互相鼓勵、互相支撐，還有非常可愛的兒女可洛和可妮，有個美滿的家庭，真的是球員很重要的避風港和力量。

本書寫實地記錄泰山打球的心路歷程，有風光的棒球生涯，也有看似黯淡無光的時刻；有和靜宜的甜蜜回憶，也有和孩子們的溫情時刻。特別的是，還收錄了靜宜眼中的泰山，以及泰山想對徐總和球迷說的話。期望泰山的教練路能夠順利，因為他有很棒的理念可以傳承給年輕選手。

（中華民國徐生明棒球發展協會理事長）

推薦序

不忘初衷，薪火相傳

中職傳奇打者張泰山先生，輝煌紀錄的背後，曾面臨許多不為人知的低潮。本於熱愛棒球的初衷，張泰山先生在運動心理師的協助下，首次完整回顧人生各階段的心理瓶頸與突破方式，並透過本書無私分享許多不為人知的內心世界，藉以傳承經驗，令人感佩。

生於臺東，三歲喪父，張泰山成長於清寒但溫暖的家庭，野菜釀製的醬菜與白飯是他就讀小學時的便當基本菜色，家中母雞偶爾多下的蛋與河邊抓來的蝌蚪，是母親唯一能為他補充營養的方式。

為了吃到只有棒球隊員才有的免費牛奶與饅頭，十歲的他瞞著母親加入學校棒球隊，從此

與棒球結下不解之緣。

精采的棒球人生背後，他曾因蝌蚪飯自卑，也曾因被釋出懷疑自己；但他從未因家庭境遇、職涯低潮等內外負面因素限制對未來的憧憬。

張泰山先生堅信每個挫折與挑戰都是另一個正向的起點；而他也在一次次的 Home Run 中，體悟到棒球教給他的最重要一課：如何輕鬆「回家」。學會放下執念後，他在四十二歲成為業餘選手，正式為職棒球員生涯畫下句點，他自述：「這不是為了突顯自己還有多少能耐，而是感謝與傳承。」

事實上，張泰山先生對棒球公益的投入不遺餘力，除了在職棒巔峰時期就曾擔任原棒協理事長，推廣花東基層棒球運動；二〇一七年、二〇一九年與二〇二一年三度應頂新和德文教基金會邀請，到彰化協助推廣基層棒球。

當時張泰山先生曾以自身經驗勉勵彰化少棒隊的小球員們：「追逐夢想要付出努力。」更別忘時時自我提醒愛棒球的初衷。如今透過本書回顧，「時刻牢記打棒球的快樂」，正是他多年來能不斷向前的重要動力之一。

頂新和德文教基金會於二〇一六年開始，透過「接棒未來」棒球公益計畫，深入各縣市協助基層棒球隊，過程中發現許多擁有棒球夢的孩子正面臨各式困境與心理挑戰。張泰山先生的成長故事，證明正向思維所能帶來的無限可能，本書無疑是這些孩子們在追夢過程中的最佳典範，也值得所有正面臨挫折或正在尋夢的人一讀。

（頂新和德文教基金會創辦人）

目錄 *Contents*

一壘——一切的起點

二壘——承接與承受

三壘

山不轉，路轉

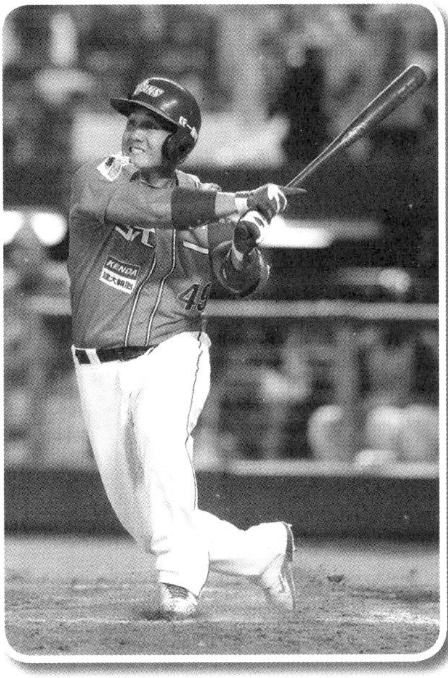

本壘——

歡迎回家

一壘

一切的起點

嘿！

我留意到你來回經過幾次了，摸了摸書皮，看了看簡介，放下又拿起——

終究還是忍不住好奇探進頭兒來。

你好！我是棒球頑童——張泰山！

我認為，我需要主動向你介紹自己！

否則，過去幾次在路上被誤認成其他棒球明星時，最後尷尬到面紅耳赤的都是主動向我打招呼的球迷（笑）。

當然還是有很多「識泰山」的朋友，還記得一些關於我的事——

不管是頭髮還算茂密的紅袍時期；

穿著綠色基底球衣追逐紀錄的日子；

還是幾次披掛藍白戰袍對決列國強權——十分榮幸能讓我的名字成為許多球迷勾起回憶的注腳。

雖然我已經卸下球員戰袍幾年，很幸運能持續以最愛的棒球做為人生新階段的主要工作，但對我來說，總覺得心中還是有一趟未盡之旅需要去完成。

所以，我寫了這本書，為我的「五局中場」做個整理回顧。

由於我是一名棒球員。

棒球教會我的其中一件事就是要懂得「合作」：

不論是投捕之間的配合、守備過程補位，還是打線串聯需要的默契，都不是一個人能辦到的事。除此之外，我還聽過一句很有智慧的話，進一步昇華了「合作」的定義——

比賽結束後，即便是輸球，你也要感謝你的「對手」。

原因無他。

光是「沒有對手比賽就打不成」這件事就值得你稱謝，而你的價值也將被雪藏在練習場裡而已。

從此之後，我不會埋怨那些三振我、接殺我的對手，真心謝謝他們認真修理過我，給了我不斷超越自己的動機。

話說回來——

這本書正是以「合作」精神築成。因為我生性樂觀，很多事情都大而化之，許多心路歷程反而是身旁的人看得比我清楚，所以我邀請最了解我的太太——靜宜共筆，資深媒體人黃麗華協助整理資料，加上出版社編輯和具心理學背景的夥伴一起努力，增溫了這部回憶錄。也正是如此，有些文字、說話風格，可能會讓你覺得和印象中的泰山不一樣！

請放心！

我沒有變！

我還是那個開朗的棒球大叔！

事實上，整理故事的過程中，我也算重新經歷了一次過往；這種類似走入心靈時光機的歷程，給了我不同視角回望自己。那些曾經的痛、曾經的遺憾，有機會再次親手去觸摸、安撫。

心理學夥伴告訴我，有一個心理學派經常用「回顧自身故事」的技巧去鼓舞那些需要提振自己的人。

有過這次的經驗後，我很想對你說：「這是真的！」

當教科書都教導我們要不斷地往前看時；適時停下來回盼自己，細數那些真實發生在自己身上的歡笑、淚水，你會發現自己將更有「理由」勇敢前進。而這「理由」——是由那些一路以來不曾放棄的自己所寫的。

也許我簡介一下這本書的基本脈絡，可以幫助你更有節奏地融入我們的話題之中。你可以想像我正開著車準備環臺一圈，起點臺北，終點也是臺北。會這樣規劃路線，是因為我曾為臺灣棒球界最會憑一己之力「跑回家」的男人嘛！

Home Run! You Know!

直到二〇二二年四月三日才由我的老學弟「大師兄」林智勝從我手中奪走這份頭銜（沒想到這小子也四十歲了，時光飛逝啊……）。

至於，我想從臺北出發，是因為在這座偉大城市中，有著一位影響我，以及影響整個棒壇甚深的人。我想藉此紀念他的重要。

因為他——親自將我引入這段職棒奇幻旅程，才有機會吸引你來聽聽發生在我身上的趣事。

也是他——我才能是今天的「我」。

接著，我會沿路去臺中、臺南，然後飛往日本、澳洲；最後再回到臺灣，循線回到臺北。當然，過程當中難免會交錯、穿插不同時間點的事；無疑是為了充分還原當時心情和感受的起因，或是一些相關事件引起的心事共振。

個人意義上，這趟「Home Run」巡迴，算是我許給自己的遲來引退賽。

只不過——

這次面對的不再是棒球場上的投打對決；迎接我的也不見得是予以熱烈掌聲的球迷與隊友。

更多的是我自己——

以及過去可能還沒有足夠智慧面對的真實。

如同剛剛說的，對我而言，現在頂多是剛過五局中場；六局上半接著開打。我需要從經驗裡獲得對之後決定更有利的理解，這一點，相信對所有人都一樣重要。每座生活過的城市、每段走過的路都會有一些寶藏，但只要一不留神就擦身而過，那些情緒、記憶就擱在那了。直到你再回來，拍去受到時光塵封的表面塵土，才會格外珍惜寶藏蘊含的意義。

除此之外，過去幾處轉折點上，有好多誠心相待、幫助過我的人；我想回來看看他們、紀念他們，讓他們知道我依然是那個他們信任的人，也努力將他們餽贈於我的愛傳承下去。

總而言之——我想完成這趟「Home Run」之旅。替自己球員生涯未了的心願，致上這支重要的全壘打，一掃屬於「49號張泰山」的美麗與哀愁；更替卸下球員身分後的「49號阿帝．馬紹」迎回直爽、樂觀的生活態度。

我的棒球教父——徐生明

職棒打滾二十年，加上過去學生時期累積的時光，我想，全臺灣沒有一座球場是我沒去過的吧?!

不管是職棒格局的大球場，還是用鐵網圍籬的簡易球場——每處角落，我都找得到自己與棒球間的愛恨情仇。

例如——

新竹球場的外野，收藏著我在一九九六年四月八號擊出的職棒生涯首安回憶。

新莊棒球場牆外，有一處被我百轟炮襲的轟炸痕跡。

斗六棒球場出口，見證我於二〇一五年九月三十號最後一次以球員身分步出場外的身影。

這些球場我去過不下N百次，所以只是提到印象特別深刻的回憶而已，還有很多很多故事可以說，只要我還想得起來的話……（唉，別想太多，只是年紀有一點了，會忘記很正常！）

可是，有個地方每次經過時，情緒會特別、特別濃厚。要不是匆匆快閃，就是盡量讓自己放空，要不然，再過一會兒我就會眼角滿是「汗水」，還得向人解釋是「風沙問題」。

這處讓我感情豐沛的地方，就在天母棒球場旁，一條名叫「士東路」的街道——也是「徐老師」每次在天母比賽結束後回家的必經之路。

我很想他。

祂，應該也會偶爾想起我吧？

「沒有徐生明，就沒有張泰山。」這是我最常說的一句話。我從只會打球的懵懂少年，走進職棒殿堂，進而創造許多紀錄，完全要歸功於我的伯樂——徐生明老師。

能夠遇見徐老師，真的是上帝巧妙安排。一九九四年，在味全龍擔任總教練的徐老師，老覺得自己太年輕就當上總教頭，自認還有很多學習和加強的空間，於是經由李瑞麟老師引薦，離開味全龍到時報鷹擔投手教練。

隔年，一九九五年，謙遜的姿態顯然蓋不住徐老師的帶隊長才，老師接到棒協委託的任務擔綱中華成棒隊總教練。因此，那一年大部分時間他都在中華隊，直到亞洲盃錦標賽打完，才又歸建時報鷹體系，改任時報鷹業餘隊總教練。

而我與老師生命交軌的那一年，就在一九九五年。那一年，我十八歲。

該年我高三，本該是應屆畢業生，接著依循一般升學管道持續到大學球隊打球；結果在畢業前夕發生一件大事，於是輾轉來到時報鷹業餘隊。

剛進球隊時，老師還在中華隊備戰亞錦賽，我們沒有太多交集；頂多是中華隊休假時，老師會回來球隊走走、看看，才偶爾碰頭。直到老師正式歸建球隊後，在業餘秋季聯賽期間才開始和他有正式接觸。

「職業球員不能只把眼光放在球場上，還要主動和社會接觸，才不會和社會脫節，遭到社會遺棄。」這是老師在他自傳裡說過的話，但帶領當時非職業的我們，老師依舊貫徹這份道理。在訓練中，他經常和球員們分享許多層面的事物，如處事態度、禮節應對、社會環境等，這對我後來的人生規劃有很大的幫助。

尤其是我入隊不到一年後，就直接面臨到令許多成棒球員最戒慎恐懼的大魔王——球隊解散。

「天啊！我還沒進職棒耶！這要我怎麼對未來有信心……」面對球隊突然宣布即將解散的消息，入隊未滿週年的我真的有嚇到，驚覺自己即將成為主計處失業人口統計下的一筆數字。

不過，面對解散這儼然走向的局勢，不是整隊都和我一樣恐慌。至少——對已經備受期待的「大物新人」們是這樣。

當時陣中幾名深具潛力的好手，如吳俊良、許銘傑等人，早已被規劃納入中華職棒註冊有名的「時報鷹隊」麾下，只不過，吳俊良選擇到統一、許銘傑計畫赴日發展，於是時報鷹隊又選了六名時報鷹業餘隊球員入團，但我還是沒被選上……

一直到很後面，我才終於接獲時報鷹球團的邀請，但這一次——我婉拒了。

不去時報鷹，不是那裡不好；而是我知道自己只是備胎中的備胎……

我早有耳聞因其他球員謝絕招募，球團才轉而找我。當時十八、十九歲的我，明明還在替未來發愁，卻為了「賭一口氣」，就「堵」住自己平步青雲進職棒的機會。

話雖如此——

當時國內職棒環境雖然不比成立頭幾年那樣熱鬧滾滾，但仍算一片欣欣向榮；光中華職棒連年場均人數破五千不說，還有個即將成立的臺灣大聯盟（Taiwan Major League Professional Baseball，簡稱TML，由於為那魯灣職棒事業有限公司經營管理，又俗稱那魯灣聯盟）可選擇。

雖然我不像幾名優秀同儕一樣，擁有琳瑯滿目的國手資歷，但我知道自己的實力在哪裡；當初決定不走大專棒球那條路，就是對挑戰職棒有信心！但自信歸自信，涉世未深、名氣不大這些現實條件，還是在捍衛自尊的情緒退潮後，不免使我陷入迷惘中……

「該如何做抉擇？」

「有誰會要我？」

「該怎麼談合約？」

周旋在這無力排解的念頭裡好幾個晚上，心裡很不是滋味。一來，這和我原本的個性不像；當人說起「泰山」時，大多都是以樂觀、正向來形容我。二來，我真的沒有太多基本概念去思考這些問題。

就在我內心交戰許久後，突然想起那個總是對我們諄諄教誨的背影——徐生明老師。總覺得老師應該可以給徬徨無助的我一些寶貴建議，於是，我決定鼓起勇氣去找他聊聊。

這就是所謂的——父親嗎？

到了自己說好要去諮詢的當晚。

我人早已到了徐老師房門外，卻又遲遲不敢敲門；好幾次已經舉起手要敲門，又臨陣收手，就這麼在門外來回躊躇著。

「你到底在怕什麼啦！」心中有道天不怕、地不怕的聲音不斷催促著我，「這攸關你的前途耶！雖然是還年輕啦！但你為什麼不大方一點？」

我緊繃著身上的每一條神經，心臟緊張地像要跳出來似的，要是我閉上眼睛，這種感覺就好像正面臨九下兩出局、三壘得點圈有人的冠軍賽打席。

不！

比賽還沒有這麼緊張！

叩叩叩，我終於敲了門，卻又沒志氣地希望門裡面沒人回應，趕快結束這一切……就在此時——門開了！門軸年久失潤的尖銳聲，緊揪著我的全身肌肉，但我得趕緊故作鎮定，盡量讓自己看起來很輕鬆自若。

因為——在我印象中，沒有一位教練看到一名緊張兮兮的選手會感到開心……

「進來！」徐老師在門後應聲著。

「好！謝謝老師！」我走進房間，心中剛剛那道聲音這下更臭屁地對我說：「你看！沒有想像中困難嘛！」

「老師，您好！我想請教您幾個問題。我已經拿到退伍令，確定不用當兵，但時報鷹業餘隊卻要解散，我一時不知該去哪裡好……」我開頭就一股腦兒地向老師傾訴所有心事。

當晚，老師和我聊了很多；詳細地分析職棒的現況與各球團的環境，還有即將成立的臺灣大聯盟。他十分投入在我期待的角色中，誠懇又精闢地講解他的看法，也建議我可以去多了解、多參考；而我倒是聽得出神，一度只想著自己心中的幻想，根本忽略了老師的重點……

因為——

我看著老師，想起我的爸爸——這位最親的陌生人。

我從小就失去了他。

所以，不曾有過像老師一樣的父輩願意這麼用心地陪我說話……

（雖然老師那時還不到四十歲）。

我爸名叫張全珀；原住民的名字叫「馬紹」（Masaw）。

相信很多球迷都知道，我生涯後期在統一獅隊曾以原住民正名「阿帝．馬紹」（Ati Masaw）出征。這有一點典故！等我先介紹我的爸爸後再來說說。

其實——我對爸爸沒有任何生動記憶，但不是他棄家不顧，也不是我選擇遺忘他；而是我根本來不及好好認識這位為人海派的大暖男……

在我三歲左右，從事遠洋漁業的爸爸，不幸在一次遠征菲律賓海域的任務中病逝。按當下諸多考量，父親的同行船員們選擇讓他長眠於菲律賓群島而未帶他回臺灣，因此我們悼念父親的標的只有衣冠塚*。長大後聽家人轉述，當時不懂事的我，還曾指著衣冠塚問媽媽：「爸爸怎麼那麼矮？」顯然對於爸爸驟逝造成的家庭衝擊有多大？媽媽有多傷心？根本還不到可以理解的年紀。

我對所謂的「父親」形象，一切都只能從唯一一張有爸爸的全家福照片，再加上家人口述的故事來想像。

聽說我的爸爸很大方，經常招呼親朋好友來家裡作客，但熱情背後似乎也藏著身為討海人幾乎都有的顧忌——要是我哪天回不來，我的家人們就靠大家幫忙接濟照顧了……

「名字」大概是我現在和父親最深刻的連結了——

不管是「泰山」，還是「馬紹」都是。

家人告訴我，由於我前面兩位哥哥都是「添」字輩，按理承襲下來我應該叫「張添山」才對，但爸爸當初就希望我能像「森林王子」一樣，能夠自由自在地徜徉在家鄉那片山林裡，於是將我取名為「泰山」。

想像一下在棒球場上，球迷們齊聲喊著：「張添山——全壘打——」

嗯……是不是「泰山」比較有霸氣?! 感謝老爸的先見之明！

至於——「阿帝．馬紹」這名字的由來呢！

由於我是家裡最小的孩子，在我之上有六位哥哥、姊姊（其實本來還有三位姊姊，但已病歿早逝）；最大的大哥和我相差二十歲，大姊則大我十一歲。從小全家就順理成章地叫我「阿弟」（Ati），但隨著「阿弟」長大，家族成員們紛紛覺得成天叫一個成年人「阿弟來，阿弟去」頗為奇怪，於是集思廣益討論著如何賦予「Ati」不同詮釋。

想著想著，彼此不約而同想到家族的共同信仰——阿爸父，上帝。

因此我就決定以「阿帝」為音譯正名，宣告自己將一生成為神國的門徒。加上原住民通常

＊只有埋葬亡者的衣冠，而沒有亡者遺體的墳墓。

會將父親、母親或其他家族長輩的名字放在自己名字的後面，以此紀念他們，並做為血脈相承的象徵。

從此，「阿帝．馬紹」就誕生了！

記得當時我披掛印有「阿帝．馬紹」的戰袍上陣，心中總會源源升起一股使命感，除了有一種「上帝與爸爸」和我同在的信心加持以外，在統一打球那段時期，我同時是原住民棒球運動發展協會理事長，能以原住民族之名馳騁戰場，相信也能讓族人備感驕傲；激勵每位替原住民事務貢獻一己之力的同工。

✦

鏡頭回到和老師聊天的房間（謝謝你們聽著我的身世，也陪著我神遊了）。

「老師！你之後會去哪裡？」我回神後就這麼直接問老師，一時顧不得這樣會不會很失禮……

「還沒決定耶——」老師搔搔頭回答。

「如果可以的話，老師您去哪裡，我就跟您到哪裡！好嗎？」事後回想才覺得自己怎麼這麼像個小孩在對爸爸說話。

老師當下就像個慈父一樣，先用柔和的眼神看著我但微笑不語，接著再把焦點緩緩地移到他內在的思索中。

看著略有所思的徐老師，總覺得可以感受到他對我的欣賞與關愛。說不定——也在那當下讓老師起心動念，考慮如果有個他能決定我未來的機會，願意帶著我一起拚。

意外插曲

經過和老師的分享後，不只安下原本騷動不安的心；對於未來，也稍微有個方向了。

過了些日子，徐老師終於明確獲邀回到味全龍隊擔任總教練一職，而且有意安排我暫時用練習生的身分加入味全龍。

當我知道有機會再次成為徐老師麾下的子弟兵時，簡直開心極了！雖然有關味全龍隊的訓練環境、團隊氛圍、合約待遇等細節還懵懂無知，但心想著只要跟著徐老師就對了！

也許看在旁人眼裡頗為奇怪，一個十八、十九歲正愛玩的孩子，怎麼會鐵了心想追隨被冠上「鐵血教頭」稱號的徐老師呢？我只能說——自從認識了老師，在他帶給我的棒球觀念和實際帶隊方針中，我清楚看見一條能夠幫助超越自己的康莊大道；我相信老師能激發我的潛能，使「張泰山」成為令眾家投手不得不多費心招待的打者！

不過，在如願跟隨徐老師到味全龍成為正式球員之前，其實還有段小插曲——已籌備多時的臺灣大聯盟，準備於一九九七年正式開打。旗下各新建球隊無不提前招兵買馬，企圖吸引原中華職棒的各路好手，以及一心挑戰職棒殿堂的新人們。

於是，就在我還未投身龍軍之前，時任臺灣大聯盟的高階主管邀請包含我在內的幾名球員到高雄的國賓飯店，向我們說明聯盟及各球隊的願景。說明會的排場頗有規模，主管也帶來一段內容相當有遠見的致詞，橫看豎看好像都比中華職棒更令人傾心。

重點是——主管語畢後，馬上請助理端出幾份合約，希望我們當場簽訂……

只不過撇開不久前我才剛向徐老師請益如何談約；一下要十來歲的人倉促將自己的人生許配給一知半解的對象，對我來說還是有一點遲疑……

我左顧右盼一下——

「哇！你簽了喔?!」

「喂！怎麼連你也簽了？」

就在一片混亂中，有些球員當場就簽了合約；有些球員還在考慮，而我就是其中幾位尚未落筆的小子之一。

雖然比起〇．二秒內要決定「揮或不揮」的投打對決，「簽或不簽」的思考時間明顯多上一些，但仍談不上充分。

我當下完全無法做出決定，並非不認同新組織的理念，更不是穿越時空預見未來（新聯盟最後迎來被中職整併的結局）；只是我需要時間整理頭緒，甚至希望把合約帶回去和徐老師、家人商量。

稚嫩的社會經驗和明顯不安的神情，顯然躲不過聯盟高階主管的目光。新聯盟一行人帶著滿腹誠意不斷遊說，身旁同齡的球員一一不敵柔情攻勢下筆簽約。我焦躁地抖著腳，筆頭猶如發送摩斯密碼般不斷點擊桌面，說時遲，那時快，就在我難抵熱情、筆尖離合約僅〇．一公分，準備簽下去的時候──

嗶嗶──嗶嗶──嗶嗶──

「噢！泰山你這麼帥喔！有BB Call！」

「哈！對啊！就那個──對啊！嘿！我──那個──對！哈哈哈！」我慌張地看著螢幕顯示，有點語無倫次地回答，但看來是我當下需要的「救命繩索」就這樣臨空垂降了！

是徐老師Call我！

時間巧到猶如電影情節，讓我感受到一切似乎都在上帝的掌控之中！

徐老師即時來電，宛如一陣強力拍背示意著：「我挺你！」當下我馬上婉謝臺灣大聯盟，和他們解釋道：「很抱歉！我能去回撥一下電話嗎？然後——謝謝您們今天的招待和說明，相當吸引人的條件，但我真的需要時間考慮！請再給我一點時間，至少讓我和家人與教練商討一下，好嗎？」

他們尊重我的決定，而我也如實找了部電話馬上回電給徐老師。老師在電話那頭問了我現場狀況，馬上強烈建議我把合約帶回去研究，不要當場簽。聽到老師這麼說，當時我的直覺感受到老師會帶著我走，所以我成為當天少數沒有加入新聯盟的球員之一。

真的就差那幾秒鐘——

我將走向截然不同的人生。

起點

「張泰山是誰呀？怎麼沒聽過！」

「對啊！他打得到球嗎？」

「張泰山……又沒什麼名氣……徐總……你確定要用他嗎？」

這是事後徐老師向我風趣地引述當時他向味全龍推薦我時，內部討論產生的質疑。

「反正張泰山又不需要多高的簽約金，比起其他球員便宜啦！就先簽嘛！好不好用再說。」徐老師很技巧性地應付，因為他知道用什麼方式最能說服決策人員。

最終決策圈開出他們能給的數字給徐老師。

「月薪六萬元，可是——只要你能拚到正式球員，就可再拿一筆七十五萬元的簽約金。要嗎？」徐老師向我轉述高層的意見。

「沒問題！謝謝老師！」於是我簽了一份超級陽春的合約，成為味全龍隊的預備球員。雖然與別人動輒二、三百萬簽約金相差甚遠，但我已經很滿足了。

所謂「師父引進門，修行在各人」，徐老師已實現我最開始的心願，將我帶入職棒、帶在身邊；接下來，我就要憑自己的本事，打出個人價值了！

原本我已在心中奏起氣勢磅礴的開場音樂，準備迎接職棒人生之際——

「但是——」徐老師這句語氣轉折詞又將天真的我拉回現實……

是這樣的，中華職棒聯盟成立初期，曾有「二十四歲限制」規定，就是未滿二十四歲不能登錄為正式球員加盟職棒；而我與味全龍準備簽約的那年才剛滿十九歲，明顯不符合年齡門檻。

於是，徐老師想到可用「特考」方式處理。而所謂「特考」——算是時代下的產物，因為職棒球員那時不能參加國際賽，如果好手都加入職棒，就沒有好球員可以幫國家出征。有鑑於此，當時中華職棒、中華棒協與教育部三方協議擬定出「特考」辦法；在此制度下，每支球團每年都能有一個名額，以特考方式來招募鎖定球員，且不受年齡門檻限制。

本來味全龍打算讓洪佩臻（曾任味全龍隊投手）使用特考方式登錄，如此一來，他就不必參加聯盟選秀，避免被其他隊攔胡。

儘管如此，徐老師甘願冒著洪佩臻被其他球團選走的風險，執意將特考名額指定給我。好在龍隊最終還是在選秀會上帶回洪佩臻，而我也順利登錄成為正式球員，開始我的職棒生涯。

那年——是職棒七年；那年——我十九歲。

你可知道我等這一刻等多久了嗎？

這讓我又掉入久遠前的回憶，想起我怎麼和棒球結緣——

我聽過的球員故事中，或者球迷分享著自己怎麼愛上棒球，幾乎都和男性長輩、朋友有關——

有爸爸、哥哥是球員，所以自己耳濡目染跟著打；

鄰居小孩、班上同學喜歡在教室或走廊揉紙球鬧著玩；

或是和青春初戀一起進球場；

都是我很喜歡的溫馨萌芽史。

我自認有點特別！

因為我的棒球啟蒙來自一位女性——我的媽媽。

我媽名叫張林周美，一位害羞、靦腆的傳統女性，不愛說話，臉上永遠掛著微笑。然後——

很愛看棒球！

由於早期電視臺都會轉播中華少棒隊遠征美國威廉波特的比賽，但礙於時差關係，都必須在深夜才看得到實況轉播。很懂看球就是要有伴才有趣的媽媽，總會把我從夢鄉中領回陪她看比賽，看著看著——棒球就此悄悄滲入我的靈魂之中。

故事還未結束——

不曉得你有沒有留意到一項「重點」：我家這麼有錢喔？民國六〇年代，電視才剛普及化的時代，我家就有電視？

其實，這是集眾人之力貸款買來的。

你可能會想：「沒錢就沒錢啊？何必貸款買奢侈品呢？」

這又得提到哥哥、姊姊們的一片孝心，以及更難能可貴的行動力。

我家位於臺東縣東河鄉泰源村——那是個猶如世外桃源的小村莊，「我家門前有小河，後面有山坡，山坡上面野花多……」這首兒歌彷彿就是看著我老家而譜的詞。

但仙境伴隨的現實課題，就是缺乏民生必需的工作機會。

由於爸爸離開得早，家裡的經濟重擔全落在哥哥、姊姊們身上。當時大哥做學徒學裝潢；二哥則追隨爸爸的腳步從事遠洋漁業。大姊為了改善家裡的耕作產量，十五歲就和姊夫贅婚，以此增添男丁人力（由衷感謝姊夫多年來為我們家的付出）；二姊則在十歲左右曾被帶到淡水當了兩年童工，結果最後回家只抱回一袋白米……

雖然很多手足因生計被迫離家打拚，但全家的感情在大姊號召下仍然十分融洽，而且都會真心為彼此著想。正因如此，兄姊們才會希望日子再苦，也想給家人、給媽媽一點能力尚可擔負的小確幸。

只是沒想到——他們的貼心意外成為我開啟棒球生涯宇宙的「奇點」。而我也在家人們身上學會了「珍惜」與「捨得」。

✦

驚奇小子

很多人會用「驚奇」一詞來形容我的職棒元年。在那個尚未有高中畢業生挑戰職棒的年代，十來歲就能在牛鬼蛇神的大舞臺上登場本身就是話題。

硬要說第一個對我大感驚訝的對象，應該是時任味全龍副領隊趙士強吧?!

剛進味全龍時，幾乎沒有人知道我是誰，畢竟我沒有太多顯赫的資歷，頂多認得出就是隊上新來的小毛頭，每天會跟著球隊練習和協助雜務事項。記得當時除了參與球隊正規訓練外，我還要加入特打、特守等額外的加強訓練；練球結束後回到飯店亦不得閒，馬上到各房間門口收齊學長們要送洗的衣物，接著，再把前一天已洗好的衣物，依照個人背號逐一擺放到對位的房門口。

說是球員嘛——更像個會打球的雜工。

一回，總是看我忙進忙出的趙總開玩笑地對我說：「小鬼，你打得到球嗎？」大概是覺得我的內勤做得比訓練內容扎實吧！我有點不好意思地向他點頭示意，也希望自己盡快跟上職棒的節奏，發揮出應有的水準。

不過這份等待沒有太久！

接在春訓之後的官辦熱身賽，由於當時陣中主力三壘手郭建霖前輩手傷無法上場，徐老師順勢安排我頂替上陣。結果我在短短幾場熱身賽中敲出兩發全壘打，便引來趙總以「這小子瘋了！」來抒發他內心的驚嚇。

春訓的好表現，確實對我和教練團來說，都增加不少信心，但一九九六年三月二十日味全龍開季首戰，球隊三壘先發仍舊交由傷癒歸隊的郭建霖前輩。

老師有說過，職棒教練既是作戰指揮官，也是教育工作者，每位選手出賽安排都要有邏輯和目的。以培養新人來說，他不太喜歡安排新人在「順風」情境下出賽，也就是他不會在球隊大幅領先時派新人上陣。原因是——請問？這狀況下要練什麼？（請自行揣摩徐老師那嚴厲的口吻。）

在老師的觀點下，身為新人除了熱情以外，還要有膽識、要敢拚、要比已經有位子的主力選手更有韌性。搭在全隊打下的江山下吹著快意的涼風打球，根本看不到這些必備要素，加上為了兼顧球隊競爭力和球員心理健康，那種張力極高、比賽膠著的場面，也不太適合貿然派毫無經驗的新兵上陣。所以，適合新人考試的時機就會落在被對手取得一定領先時。

好巧不巧——一九九六年三月二十日在臺南球場舉行的龍鷹大戰後半段就迎來這樣的契機。當時比賽來到九局上半，味全龍隊正以〇：七大幅落後給時報鷹隊……

「張泰山！代打！」徐老師突然回頭向休息室喊道。

「還坐在這邊幹什麼？換你了啦！」身旁的前輩催促著傻愣的我。

我急忙起身去拿球棒、頭盔，帶著興奮又緊張的心情衝上場。

但——我很快又衝回來，跑到徐老師面前……

「老師！我可以打第一球嗎？」我急忙問徐老師，腳甚至還在原地跑動著。

「你已經是職棒球員了，可以自己判斷。」徐老師對我突如其來的天兵問題和舉動逗得憋不住笑意，邊笑邊回答。

「好！」我趕緊又跑回打擊區，當下板凳區的前輩們全都笑翻了。

踏進打擊區前，我還在心中默想著：「這和熱身賽、練習賽上場完全不一樣喔！我需要再更謹慎一些！」

結果，我直接被鷹隊投手郭建成輕輕鬆鬆以四球送K下課……

真的有夠糗……

接下來幾場比賽，我斷斷續續出場，也沒什麼亮眼表現，整個三月分共登場七個打數全部掛蛋。

縱使如此，這些帳面成績沒有太影響當時的我。至少，我仍舊保持最有把握的積極球風；只要球進入我所設定的攻擊範圍，不論球種、球數、內外角，我都會出棒揮擊。在教練團持續信任安排且信心維持下，我終於在四月八日第二度以先發球員身分上場，面對興農熊的比賽中，於二局下擊出生涯第一支安打；且終場共擊出四支安打，掃回三分打點。

當晚，是我第一次沐浴在全場觀眾「指名道姓」的慶賀聲中。「哇——這就是職棒球員所謂除了收入以外，最美麗的待遇啊！記得我初來乍到職棒球場，也為這慶賀貢獻過自己的聲線呢！」我回憶著。

中華職棒在一九九〇年揭開序幕，那年我十四歲，為了接受更好的棒球訓練，從臺東來到屏東，就讀美和中學國中部。

從時間點來看——顯然，我不是因為憧憬職棒才打棒球；但我在職棒現場領受到的震撼感，確實成為我日後想以棒球為「職業」的重要起因。

說起我第一次進場的原因，大概會讓很多人感到有趣！

因為——和「恰恰」彭政閔有關！

別錯亂！我當然不是去看他打球！（但說起來我也算是「看著恰恰打球長大」的一員。）

恰恰是我美和中學的學弟，那時他們全家都是「獅迷」（這在他的自傳有說過！想必獅迷一定幻想過身穿綠袍為獅隊效力十九年的「火星人」吧），一次統一獅隊選在高雄立德棒球場舉辦主場賽事，「恰爸」便熱情地招待幾位恰恰的美和隊友一同前往觀戰，而我就是其中一位幸運兒。

「好多人！好熱鬧喔！」這是我第一次進場看中華職棒的印象。雖然我們坐在外野，但瀰漫整座球場的熱血氣氛絲毫不減。對比平時不太會有觀眾的學生比賽，能夠站在這種滿場觀眾的場上獻技、接受加油助威，真的讓我好生羨慕！加上我是科班球員，見著這些職棒球員展現出來的投球、打擊、傳球力道，都大大擴張我的眼界。

「我一定要成為職業選手！我也想要徜徉在這樣的大舞臺上！」我在心中默默許願著。

✦

擊出生涯首安的三天後——

更「神奇」的事發生了……

四月十一日，我隨隊來到高雄立德棒球場對戰統一獅隊。

嘿嘿！就和我回憶裡的「職棒首戰」場景、對手一模一樣，而且這次真的換我上場了！

當天雙方你來我往，正規九局結束仍以四：四戰成平手。比賽一路殺到延長賽十一局上半，味全龍進攻，當時一人出局、一壘有人，輪到我上場打擊。

進入打擊區前，我看了三壘指導教練，確認此刻是否會開綠燈讓我自由揮擊，還是有其他更積極的團隊戰術需要配合；而我獲得的指令是——「打帶跑戰術」。

有打過球的朋友肯定知道——打帶跑戰術——幾乎是個只許成功不許失敗的戰術；原因是壘上跑者會提前起跑，要是打者揮空，會有極高風險造成跑者出局。加上職業投手的球路又快又刁鑽，要百分之百打中球，需要很好的揮棒控制和專注力。於是，我用盡所有專注力去設定揮擊，不斷提醒自己這戰術最好把球往地上打，因為製造滾地球有最高的跑者推進機率。

我稍作呼吸調適後進入打擊區——

投手，防禦率依舊維持完美的零的統一獅外籍終結者百力（Brandy Vann），在眾目睽睽下準備出手——

「這球我可以打到！」見著迎向我而來的球路，我腦中快速閃過這句篤定的自我對話。但是——當我出棒接招後，球棒在迎向球的過程中，球路尾勁造成的飛行軌跡不如我預期；本該是有點下墜的路線反倒不斷上竄。然後，就在「一定要打中」的前提下，順應球的走向修正棒頭角度迎擊。結果——

只聞小白球就像位任性的龍隊御用音控師；

不斷調大龍迷的歡呼聲和關小獅迷的三振期待。

接著……

頭也不回地直接翻出牆外，在外野看臺上再炸出一波高潮。

是的……我就在應該把球往地上打的情況下，揮出生涯首轟；並在龍迷和隊友們一片歡欣鼓舞中巡迴四個壘包，帶回這支「類・再見全壘打」。驚天一棒不僅讓我首度獲選單場MVP，同時也以十九歲五個月十一天的年紀，改寫當時中職史上最年輕開轟打者及史上最年輕單場MVP兩項紀錄。

機會未到時勤練；該你上場時敢拚

前面有提到——

我國小畢業後便翻山越嶺來到美和中學求學、精進球技。

在那個「北華興、南美和」的年代，很多人會說：「能進美和，等於拿到半張中華隊門票了！」但偏偏這種好康事幾乎沒有那麼理所當然地發生在我身上，加上我高中也留在美和，整整六年下來，我只入選過一次；一半以上的時間都只能望著別人的背影追逐。

我想——進味全龍初期那些打雜事務我能做的得心應手，應該要多虧美和的分級制度；因為當時球隊球員眾多，教練為了練球效率和管理考量，便將全隊分為A、B兩隊。

A隊大多以國三生主力為主，匯集全隊一級戰力，如當時大我一屆的馮勝賢、陳瑞振等，都是往後在職棒圈發光發熱的大明星，只有少數能力不錯的國二生才有機會上A隊！

至於B隊，大多是國二和國三的球員，能力好才有機會上A隊。

我不像漫畫裡刊載的那種舉世無雙的「天才」。第一年新生日常就是負責打掃宿舍、整理球場，有時還要幫學長洗球衣、按摩。升上國二時，我慢慢有機會進入A隊和學長一起練。

訓練期間因為教練忙著顧A隊菁英，B隊成員不是自己練，就是跟著年紀比較大的B隊學長學；非得熬到上A隊才會有被重視的感覺。

過去在泰源國小被視為絕對主力的我，來到這間棒球名校後，我很清楚必須加倍努力，才有機會嶄露頭角。

上高一後，我遊走在A、B隊之間，除了把握訓練時間好好投入，只要有機會可以觀摩學長們打擊時，尤其是大我兩屆的學長陳慶國在練打，我都會睜大眼睛好好欣賞、學習。陳慶國學長是當時國內少有的左打重炮，行雲流水的揮棒經常把球扛到球場外的行道椰子樹排，加上腳程快、守備又好，簡直是全隊學弟們仰慕的戰神。

我那時明白一件事，就是「觀察」的重要性。有深度、有品質的觀察，可以幫助我檢視現在、規劃下一步；特別是自己還不在他人關愛的雷達範圍內時，更要好好督促自己。假如這時還比別人先放棄，那根本沒有任何翻身的可能。

記得高一下，正逢中華職棒四年時報鷹隊組軍參戰。鷹軍春訓階段借用美和球場做為訓練基地，使我有幸能就近觀察「職業選手」們都在做什麼？訓練強度有多高？

不確定是我變強了，還是什麼緣故（欸——不好意思喔！有時候臭屁和自信就是一線之隔，我相信我比較是「自信」）。這回觀察，我心裡受到的衝擊不比上一次恰爸帶我們去現場觀賽那麼大，有的選手確實具備多數高中球員難以企及的打擊爆發力，但競爭力普通的也大有人在。

「教練，你覺得我有能力和他們一樣打職棒嗎？」我問著在身旁觀看練球的教練。

「難道你不認為自己有這本事嗎？」教練毫不遲疑地回答。

「是啊！如果這樣也能打職棒，那我應該也可以吧……」我只是默想著沒有回答，但心裡確實在教練的肯定下更有信心了。

嗯。對話之後我轉身拎起棒子，開始我新的一天。

✦

靠著全壘打慢慢打響名號後，漸漸有記者和少數球迷追蹤我的表現消息。撇開愈來愈多紀錄不斷被「稚齡」更新、製造話題以外，同年八月三十日還有另一項「驚奇」事件成為我往後球員生涯絕無僅有的剪影——

那就是——「捕手．泰山」登場！

當天是對兄弟象的比賽，龍隊陣營原本共有三名捕手，分別是葉君璋、陳金茂和剛轉隊過來的陳長陽。為求比賽競爭力最大化，葉君璋和陳金茂都被排上先發，前者鎮守本壘，後者固守一壘。

可是比賽開局後，我們就一路挨打，到了五局中場便以一：六落後。

下半場第六局開始，徐老師為了減輕葉君璋的蹲捕負擔，提前讓他退場休息，改由李安熙代打葉君璋的棒次，接著去守一壘，陳金茂則轉接蹲捕工作。

豈料！人算不如天算！

七局下，陳金茂上場後卻發生被象隊打者打傷的意外……過程是李文傳因三振揮空，大幅度的揮棒餘勢不幸打中陳金茂左手臂，被迫退場。眼見場邊的陳長陽已相當積極地穿起全身護具，只要一聲令下便可立刻上場接替陳金茂。

說時遲，那時快——徐老師望向三壘的我，做出比當時任何「突發事件」都還「突發」的決定：

「泰山！穿起來！你上去！」

「蛤——」相信不只是我，在場所有人，以及之後全場的觀眾、媒體都會如此齊聲驚訝（嚇）。

「我記得，你有蹲過吧？」這是從老師看著我的眼神解讀出來的密碼，但我知道他完全沒有要問我的意思……

「嗯。」我也用眼神回應他，沒有說任何一句話，連眉頭都不敢皺一下。

對啦！我是有「蹲過」啦！以前在時報鷹業餘隊時「玩」過一、兩局……不過，既然總教練都不計較我的「資歷」，且認為我是當下最好的選擇，我就上吧！

於是換我穿上全身護具，並在一片驚呼下登場。當時還真的有點不好意思，幾顆球熱身確認後，我索性秀了一記二壘長傳，還讓當時擔任主審的李柏河先生拍手稱讚。

上場面對第一位打者是洪一中，很快就被擊出安打。當時搭配的投手是林琨瑋前輩，他開始有點不安，趕緊叫我上去，好好溝通暗號，還好後來順利解決對方的攻勢。

攻守交替後，八局下，龍隊派出陣中王牌投手「金臂人」黃平洋前輩，再度引起現場球迷歡呼。討論球路後，那局只被敲出一支安打，沒有掉分，最終我蹲了一．二局，面對六個人次。雖然最後球隊輸球，但徐老師的奇兵調度，讓當天的球迷驚喜連連。

不過捕手真的是一項非常專業且不簡單的工作，不光要了解每位投手的特性、暗號要背好幾套，當下打者的習性、揮棒策略等都要即時掌握。

幸虧，我面對的林琨瑋和黃平洋兩位前輩經驗老到。在他們引導下，我們的搭配一切從簡，我不需要班門弄斧搞一堆複雜的暗號手勢，只要專心把球接好、擋好，其他統統交給他們處理。

賽後徐老師向媒體解釋，當時陳長陽在傳球方面仍有顧慮，在尚未修正好的情況下貿然上場，對他和球隊都不見得是件好事，所以才靈機一動，改派曾在業餘時期以捕手身分出賽且天不怕、地不怕的我接替上陣。

現在回想起來——

我的職棒首年，就在教練團、學長們的鼓勵和保護下，加上自己的樂觀天性，閃過了被壓力羈押。要我打，我就打；要我守，我就守；要我盜，我就盜，壓根不會「想太多」。站上場的我心裡總是想著：「反正我是新人嘛！打不好就打不好啊！」

當然，我可以放這麼開還有另一個關鍵：徐生明老師。

當年老師甚少對我苛責，也給了我很多表現機會。對一名職棒新人而言，能夠跨出板凳區、扎扎實實站在場上比賽，都是不可多得的美好時光。同時，這也代表著徐老師對我不是只有情感連結；也包含對我在技術層面的信心與肯定。直到現在自己當了教練，再回頭品味這段過去，才能嗅出當時藏在徐老師心中更深一層的情緒——一種近乎望子成龍的期待。

在上述這些正向循環下，我不僅沒有辜負徐老師當初力挺，獨排眾議將特考名額指定給我；整年下來更打出令許多高層、球評跌破眼鏡的佳績。總結起來，我的第一年——

出賽九十四場，獲得三百四十九個打席、三百三十六個打數

安打一百一十二支

全壘打十六支

七次盜壘

打回七十二分打點

跑回五十四分

打擊率〇．三三三

上壘率〇．三五五

長打率〇．五六五

最終抱回一生頂多一次，而且錯過時機就再也沒機會獲得的大獎——年度新人王。

我心中充滿感激！

怠惰不得

人家常說：「好的開始是成功的一半。」

但對我來講，我的職棒生涯第二年恐怕無法輕易認同這句話……

一九九七年的味全龍隊迎來慘澹的開季，上半季結算下來，四十八場比賽只贏下十五場，勝率是悲慘的三成二六；其中，面對我和徐老師小有淵源的時報鷹，我們只贏一場；而對當時的死對頭兄弟象就更慘了，誇張的「〇勝八敗」，完全被剃光頭。

不光球隊戰績不如預期，就我個人而言，各項成績幾乎能以「慘不忍睹」來形容……

從實際面來看，球隊和我會陷入麻煩，是因為各自都面臨前所未有的挑戰。

該年包含味全龍在內，整個中華職棒因臺灣大聯盟大力挖角，許多球隊主力紛紛投效更敢給行銷、合約的新聯盟。此次重大事件中，以龍隊損失最為慘重，黃平洋、呂明賜、孫昭立、郭建霖及李安熙等五位王牌級球員離隊，超級洋將坎沙諾（Sil Campusano）也轉檯，迫使球隊得重新建造新班底。而這事件帶給我的影響，就是被迫一夕長大，扛起龍軍在新球季的中心打線重任……

短短幾個月以前，龍、獅冠軍賽才剛落幕，而我頂多是個特別年輕的話題球員，球技上不會受到太多矚目與期待。在這種情形下，很多對手、球迷不會太在意我表現如何，自然也不必背負所謂戰績壓力；就是放鬆心情去球場比賽，即使是天塌下來，也有前輩們頂著，輪不到我來操心。

在保護傘底下，我打出了連自己都難以置信的數據，也一直享有棒球的快樂與美好，壓根沒想過需要在心理層面快快長大。結果就在幾個月內風雲變色之際，我頭上那頂「新人王」的帽子，成為主力學長們離開後的鏡頭焦點。也許我具備不服輸的個性，但尚缺應付職業投手針對性伺候的心理韌性，突然要身負重任的我就在內外夾攻的壓力下，幾乎快要迷失自我。

不過……說起來，也算是我反應太慢。這種為了球隊發展必須拿出氣魄和實績來支撐的要求，早在該年年初就有跡可循了。

記得我在春訓第一階段頭幾天就踢到鐵板。

某日全隊在臺北市立體育場進行體能訓練，相較同組的年輕隊友葉君璋、鄭文賢及陳炳男等人，我的體能狀態明顯落後一截。徐老師為此非常生氣，馬上打電話知會公司行政人員，在球季開打前停止一切關於我的個人對外通告；並且針對年輕選手規定實施每晚十一點晚點名措施，要大家好好收心。（我當時的感受比較像「張泰山條約」……因為我的體能不佳給大家帶來硬性規定，真的很不好意思。）

當天練習結束後，不意外的，我被徐老師在全隊球員面前狠狠訓了一頓。老師告誡我要體認自己已經是「職業選手」，體能是所有運動表現的基礎，不該讓這件事情拖累到其他進度，造成看起來「不專業」的表現。

人家說：「愛之深、責之切。」有沒有可能當時老師已想到接下來非得由我扛起整支龍隊的打線重任，因此對於我進度落後這件事更為氣憤呢？我認為非常有可能！（同時也讓徐老師借題抒發一下球隊主力被挖角的情緒……哈哈！我猜的啦！）

老實說，我體能遜色這件事已不是新聞。雖然我當時非常年輕，但十幾、二十年前體能訓練的資訊不若現在發達，從基層、業餘上來的選手，時常就得面臨職棒訓練量消化問題。

加盟龍隊首年我就有意識到職棒真的不是鬧著玩的地方，因此，冠軍賽結束沒多久，我隨即為新球季提早訓練，只是沒想到……依舊吃力……

也許，已到了我要補述進入時報鷹業餘隊前，那件發生在高中畢業前夕的「大事」了……

準備來到高三下學期的我，熬了六年，終於輪到自己成為美和中學輩分最大的「緊繃大仔」（臺語：最大的大哥）了！我不是那種會欺負學弟的學長，但終於不用再幫忙打雜、洗衣、按摩，實在是整個中學時期最愉快的一段日子。

俗語說：「生於憂患，死於安樂。」其實，我在美和中學六年，除了國中前兩年幾乎都在B隊打雜，面臨消磨心志的環境考驗；國三和高一這兩年，好不容易快熬出頭了，卻發生兩次險些看不到明天太陽的大傷。但這兩次嚴重受傷反而不比畢業前這段輕鬆又愜意的日子帶給我的危機，說真的，我差點害自己在棒球路上提前陣亡。

結束高中最後一個寒假，時任美和中學高中部棒球隊的總教練王恩鵬為了讓大家盡早收心，開訓第一天的晨操就宣布要以八公里長跑為新階段拉開序幕。教練的用意是如此，但愈來愈「大尾」的高三生總覺得教練是要我們把放假沒練到的分量一次補回來，由於大家還處在放假後的輕鬆情緒，所以顯得有點散漫。

出發路線就從經常被慶國學長轟炸的椰林行道開始，起跑後我本來跑在最前面，但過不了一會，後頭突然有其他同屆隊友大喊著：「泰山！泰山！這裡啦！跑這邊！」

「不好吧！如果被教練發現怎麼辦？」我和身旁的隊友高健龍看著他們指的「捷徑」有點不安地問。

「不會有事啦！教練不會來巡視。如果被抓到，頂多要死一起死，要被退隊就一起退！」眾人鼓譟著（誰知最後真的被這烏鴉嘴一語成讖）。

「好吧！」於是我也賭王教練不太會騎車監工的習慣，就跟著去跑捷徑。

「捷徑組」共有五個人，我們一路上享受著「青春無悔」的浪漫，邊跑邊笑；心想著原先八公里的路程只要三公里左右就能達標簡直「賺翻了」。渾然不知王教練正心血來潮地騎車尾隨大隊，並在心裡納悶著：「那群三年級的球員呢？」

「啊……總仔……」捷徑組組長撞見王教練正在我們銜接原先路線的路口等著。

「你們給我跑去哪裡？」

「啊就……一樣跑步啊！只不過……跑了另外一條路……」其中一名捷徑組組員心虛地小聲回話。

這下王教練聽到我們的答辯更火了，布滿血絲的眼睛、顫抖的肌肉，看得出來他真的氣到不行。

「你們這趟跑完，再馬上給我跑一趟！再偷懶試試看！」烙下狠話的王教練說完騎車就走。

連同接下來重跑的八公里，一路上我們沒人笑得出來。回到學校練習場後，我們不見王教練和其他學弟的身影，一問之下才知道因為我們惹教練發火，害學弟們也被連坐罰跑額外路段還沒回來……

心虛的我們只好又回頭跟上新加路線，只不過，我們明顯還沒料到事情有多大條；這段新路線原本全長約十一公里，我們為了要趕回來搭上吃早餐的時間，於是跑了五公里就折返。

但還是沒吃到……

餓著肚子的我們趕緊梳洗、換好球衣，按照慣例到司令臺前集合；「捷徑組」成員們紛紛求上帝、求媽祖、求關老爺，希望眾神們幫忙快快讓教練氣消。

沒想到……

教練一看到我們出現便生氣地怒吼：「恁擱來衝啥？包袱去款款欸，球服交回來，退隊！球隊無恁無差！」（請切換臺語發音）

偌大的廣場完全鴉雀無聲，連麻雀也被嚇傻了。

面對這突如其來的退隊處分，我們都慌了。

再過半年就要畢業，而且高中全國大賽即將開打；這對高三生來說是很重要的大賽。我們決定寫悔過書懇求教練原諒，便請捷徑組裡字體最優美的隊友主筆。平時不愛念書的大男孩們國文造詣並不好，但眼前已顧不得這麼多，只好你一言、我一句，集合眾人想得到的感人字句「放感情」落筆，用盡一切努力拼湊一篇文情並茂的書信，期盼挽回教練的心。

完成這篇比情書還深情的信函後，我們決定請教練最疼的學弟轉交，避免教練看到我們又「由恨生恨」……

只是前後不到幾分鐘，學弟就帶回來壞消息……

「教練還是很生氣，我把悔過書交給他後，他連看都沒看，就把悔過書撕了。」

我們愈來愈慌張與無助，一直尋求解決方法，還請了很多人幫忙，甚至包含在美和中學借場地練球的時報鷹隊總教練李瑞麟協助出面說情。但李總最終只無奈地帶回王教練的口信：「他們要回來可以！我就不當這隊的總教練！」

這讓我們警覺到真的沒機會回學校打球了，沒想到一時偷懶會造成那麼嚴重的後果。正當我們愁著不知下一步怎麼走時，李瑞麟教練適時伸出援手，給了我們一個很好的建議，他說：「目前時報鷹業餘隊正好缺球員，你們可以先跟著練球、比賽，等到學校畢業後，再為往後做打算。」

經歷驚心動魄的一天，大家的心有點疲憊、難過。當晚，因為被退隊，不需要回去晚點名，我們五個大男孩決定去放縱一下，便來到運動公園，大家心裡都很擔憂，這一切都來得太突然，對我們這群懵懵懂懂的高中生來說，要做如此重大的抉擇確實有點困難，還記得那時的我們都不敢和家裡的人提被退隊的事。

我們躺在公園的草皮上，遙望天際，星星是如此明亮璀璨，但卻如此遙不可及，正如我們的未來，似乎很光明，但又那麼遙遠，明天會如何，大家都很茫然，沒有任何頭緒。

「進時報鷹業餘隊應該不錯，又有薪水，我們可以比別人早賺錢。」

「臺電有很多學長，他們願意幫忙，一去就有人照顧，也是個很好的選擇。」

「如果要念書，就要再等半年畢業後⋯⋯」

我們討論著，但始終拿不定主意，雖然過了一個難得沒人管又很悠閒的夜晚，但可惜有了擔憂煩惱來攪亂，所以一點也不快樂。

隔天，我們真的搬離宿舍，並在李總伸出援手下暫時投入時報鷹業餘隊陣營（對，我就是這樣才來到業餘隊的）。而王教練對我們最後的寬容，就是僅對我們進行退隊處分，並未退學，所以我們才有領到高中畢業證書，不致於讓高中學歷留白……

這段往事深深紮在我的心中，帶給我很大的衝擊，更愧對用心栽培我們的王教練。我從沒想到一時偷懶竟會釀成大禍。自從這件事之後，對於球隊的要求、訓練，我完全不敢忽視、怠慢……

✦

有鑑於高中畢業前的慘痛教訓，雖然被罵，但我完全能體會徐老師的一片用心；更砥礪自己要展現職棒新人該有的學習態度，盡力配合，完成教練團開出的所有課程安排。可是，誰知道體能訓練的苦只不過是前菜，接下來全隊移師屏東球場之後，我緊接著栽入地獄式打擊與守備訓練……

尤其是守備——

由於郭建霖前輩離隊，我被告知得承接先發三壘手重擔；即便這裡不是棒球守備光譜中最難的位置，不過在過往強力右打主宰棒壇的年代，全力拉打所形成的強襲球無疑是球場上最驚悚的考驗之一。為了配合球隊作戰方針，我除了要克服體能硬傷外，整個春訓都不斷在各種地獄式守備訓練裡輪迴。

我說過：「我不喜歡認輸！」

即便已接到手腳發軟、背部僵硬，還是遏止不了我想要趕快看到成果的野心。

殊不知——

率先展現十足訓練效果的地方，不是我的守備率。

而是我的腰圍……

哈哈！不誇張！我的贅肉被我的頑固氣到離家出走了！

泰山，你怎麼了？

職棒七年，我是無憂無慮的「森林王子」；職棒八年，我卻是滿腹心事的「失望之子」。

熬過地獄春訓及貫徹徐老師指示謝絕所有對外活動的我，終於隨著新球季開幕又重新回到大家面前。觀察細微又心思敏銳的媒體朋友們很快發現我的不同——

然而，目光無關我的守備表現；

雖然我希望是以守備美技來博得版面……

但我被看見的是過往從未出現的——滿面愁容。

「你好像胸口壓了一塊大石頭，憋得很難過……你怎麼了？」好幾位媒體記者不約而同地關心我。

該怎麼說呢……

我的感覺像是陷入一種難以自拔的想法漩渦裡；只要站上打擊區，我的腳步就好沉重；肩頭壓力也好大。

很想打好。

但「結果」不挺……

總覺得各隊投手把我研究得好透徹——眾家守備員也彷彿連我吃麵喜歡加什麼調味料都知道，好不容易打出的強勁擊球，卻總是不偏不倚地成為對方 Nice Play 鏡頭……

我知道自己常掛在臉上的招牌笑容消失了。

因為打球不再是快樂的事；

球場的空氣簡直快讓我窒息。

當時還不流行談什麼「二年級生症候群」，我只知道自己沒有因去年的成績而改變對比賽的敬業態度，但面對前所未見的心理迷霧——理性上，我試著保持熱情；感性上，真的全面失控。

「你上去之後，就好像和投手分別處在兩個不同世界耶！他丟他的、你打你的。你知道剛剛那球出手後很明顯就會砸在地上了嗎？怎麼還會揮？」隊友不是想真的指責我，就是已經看不下去了，才語帶嬉戲地試著拉我一把。

那陣子我的揮擊，真的就像隊友形容的，經常和菜市場攤販用拍子「霍」蒼蠅一樣「徒勞無功」。不光「選球眼」被遮蔽，守備判斷也不盡靈光；創造過連續場次比賽失誤紀錄，甚至幾次直接造成球隊輸球。所以上半季有好幾場比賽才剛走到中半段，我就被教練提早換下場，與其說這叫「針對泰山的懲罰性調度」，不如更殘忍地說這是「針對味全龍可能贏球的安排」。

對此——我真的覺得自己很糗；心情早已墜落「頹喪」能形容的谷底……

我真的不知道自己在幹嘛。

從小打球到大，我第一次這麼懷疑自己——

「**我是否真的只有一年的實力？**」

「**這叫『新人王』？**」

「**我春訓到底都在幹嘛？**」

「**棒球是不是討厭我了？怎麼一直和我作對？**」

「**今年過後我還有機會嗎？**」

我知道自己不該去看報紙寫的負面描述，但人就是這麼奇怪，愈說不想看，就愈糾結大家都怎麼評論我的失常。

我好無助——

一向樂觀的我不得不發出巨聲低鳴……

我開始變得不想去球場、不想比賽、不想面對觀眾，更不想面對我的隊友及教練。

因為——

我害怕守備出現失誤、害怕被三振、害怕自己成為球隊不斷贏不了的拖油瓶。

擺脫不了的負面想法，不只已經吞噬我所有在球場的快樂，連同我生活的知覺也已快被霸占，成為我睜開眼之後隨即侵犯的念頭。

我知道自己要振作！

也試著振作！

但是沒辦法……

在那段期間——

一切都太難了。

聽說——

人在生命即將墜落時會看見人生跑馬燈，看盡自己一生的功過。

按道理，我大概有過兩次機會可以看到回憶片段了，一次是國三車禍；一次是高一被球棒重擊下顎。但這兩次除了暈、除了痛，什麼也沒看見。（嗯，我知道前次回顧美和時期有提到，但還不到我講這些故事的時候。）

倒是心理墜谷這一次，我有閃過一些畫面——

很多人問過我：「為什麼打棒球？」

前面說過，我有一位愛看棒球的媽媽，我經常在半夜陪她看比賽，進而愛上棒球。

但實際上，她只是「愛看」，起先並不支持我打球。

天下父母心吧！媽媽總覺得打球太累了，有時表現不好還要遭受球迷譴責，不希望自己的小孩一直受到輿論攻擊；加上那時還沒有中華職棒，卸下學生球員戰袍後，看不出能有什麼出息。所以，我小學四年級擅自報名棒球隊時，她毫不知情。

為了不讓她擔心，也怕挨罵，我一直瞞著她偷偷練球。

每次練完球，我都要費盡心思合理化「晚回家」和「衣服髒」的理由，而我的辦法是在回家的山路上，沿路摘一些野菜回家餵豬，讓媽媽誤以為我是個貼心孩子，才把自己弄得髒兮兮和晚回來。

但最終還是被識破了……

被拆穿手腳當晚——

媽媽對我說她早就懷疑一切，便偷偷跟著我到學校去看我到底都在幹嘛……結果，發現我竟然跟著棒球隊練習。這就算了，還偏偏被她看到我因為幾顆漏接被教練修理……誤以為我根本不是打球的料。

被媽媽質詢當下，我原本以為會因為騙她被迫在晚餐再加一頓「竹筍炒肉絲」。

但——沒有。（好險沒有，當下我的屁股因下午那頓揍還在腫脹。）

她只是很捨不得，然後不准我再去練球了。

被發現偷加入棒球隊的隔天是放假日，正好是球隊練整天的日子。本來想說昨天沒被罵，今天大概可以順理成章地出門（完全沒把媽媽不准我打球的事放在心上）。

「嗯……門怎麼打不開？」我一度以為我家的門壞了，但竟然是被媽媽反鎖在房間裡……

「放我出去！嗚嗚……我想要打棒球……嗚嗚……拜託……我想要打棒球……」我在房裡嚎啕大哭急敲著門，鐵了心守在房外的媽媽則是說什麼都不肯放行。

其實——當時的我沒有什麼雄心壯志，也不知道原來國外有職棒。除了不愛念書、愛玩，踏上「棒球路」的初始原因，可以說完全是為了「牛奶與饅頭」。

也許——

「牛奶與饅頭」對現在的小孩來說不是什麼了不起的點心，但對住在偏鄉的原住民孩子和家境清苦的我，卻是很難吃到的奢侈品。

因為家在臺東山區部落，伙食幾乎都取自大自然食材；大多時候我帶去學校的便當，就是白飯加野菜醃製的醬菜。如果家裡養的母雞心情好，多下一顆蛋，媽媽就會竭盡所能地把蛋煎得大一點，覆蓋在整個便當的最上面，讓它看起來豐盛些，但煎蛋底下——還是只有白飯和醬菜。

說了你可能很難相信。

媽媽偶爾會帶著我到河邊抓蝌蚪，並將牠們變成飯盒裡的「肉品」……

不光你想來覺得驚悚，其實我也不太喜歡小蝌蚪的味道……

不過有一次我心血來潮，為了討媽媽開心，興高采烈地跑去河邊抓滿一袋蝌蚪回家給媽媽加菜。但回到家她看了一眼之後竟然全部倒掉……險些把我幼小的心靈也隨地處理……

媽媽看著淚眼汪汪的我急忙解釋：「你抓的這個黑黑的是蟾蜍蝌蚪，有毒的！不能吃！」我才止住用心白搭的眼淚。

由於蝌蚪便當真的過於驚悚，我只要知道今天帶去學校的午餐是蝌蚪便當，都會小心翼翼地躲起來吃。偏偏有次疏忽，打開飯盒後恰巧被周遭同學撞見，蝌蚪蒸熱後黑壓壓的一片還散著熱氣好不嚇人，當場就被同學們取笑……

我好餓、好氣又好羞愧，壓著便當埋頭趴在桌上鬧彆扭。就在這時坐在前排的女同學突然轉過身來，拿著她的便當對我說：「我吃不多，一起吃吧！」她的適時解危讓我好感動，心裡也羨慕著她的便當好吃又「好美」。

就是這樣——

每次經過學校廚房，看到剛泡好的牛奶與剛蒸熟的饅頭，總是吸引著我。後來知道那是替棒球隊準備的早餐，我就下定決心——一定要努（吃）力（到）加（牛）入（奶）棒（和）球（饅）隊（頭）！

✦

你最失落的時候，身旁有願意無條件相信你的人嗎？

最近在線上收費影視平臺上有部很好看的電影，劇情大綱是敘述一位籃球球探因故到西班牙找球員時，因緣際會下在街頭籃球場撞見一位二十二歲當建築工人的曠世奇才。該名年輕人具備充滿競爭力的身材、良好的臂展、出色的技術和一顆善良的心，球探一眼就愛上他，並認定他將來肯定會成功。不過就在年輕人被說服跟著球探回到美國準備投入選秀時，發生一連串事件，意外勾起年輕人隱藏的故事及心魔。

這部電影的感人之處，不在千篇一律的英雄崛起過程，而是當年輕人所有瘡疤、性格都攤在陽光下時，那位球探仍然願意相信他是顆會發亮的閃耀之星、甘願為他擔保、提供免費個人化訓練，甚至不惜為他與原受雇球團翻臉。

大概是我的生命中就出現過這樣的貴人，所以才特別有感吧?!

而且——

也是這些「天使」們的存在、陪伴，我才能安然度過職業第二年的撞牆期。

在我身旁的「天使」有很多種形象——

其中一位就叫「徐老師」。

也許在鏡頭前老師總是嚴厲的，嚴厲到有時球員私下被他「召見」時還會「剉」，或者明知他在說笑話，卻還是不敢輕舉妄「笑」。但徐老師真的很常找我們聊天，尤其是年輕球員。他總愛與我們話家常、鼓勵我們多問，並在談笑風生之間撫去年輕人肩上多餘的壓力。

其實在隊上不只是徐老師，前輩們也經常扮演我心靈上的深夜加油站。他們總是很愛鬧，可以有各式各樣的把戲使我破涕為笑！但在打鬧之餘，又可以很有經驗地讓我知道：「我們懂你！你不孤單！」

回想剛到味全龍隊報到時，初來乍到這座陌生的首都——臺北。對我這個在山上長大、鄉下打球的「小土包」來說，真是既興奮又害怕。

林強有一首臺語歌是這麼唱著：「我要去臺北打拚，別人說什麼好康都在那……」有段日子我天天唱、天天哼，就是期許和相信自己一定會闖出一片天。

球團報到第一天，我獨自前往位於南京東路的宿舍——金府大飯店。因為恰巧是休假日，宿舍都沒有人，我自個兒在宿舍空間閒逛，想要快快熟悉環境。

突然間！有道房門打開了……一顆人頭從門邊縫探出來，嚇了我一跳！

我趕緊喊聲：「教練好！」但對方不發一語走了出來。

「咦！這個人怎麼頭這麼大，身高又不高，簡直就像老夫子漫畫中的『大蕃薯』一樣……好可愛喔！」我不斷打量著對方，偷偷在心裡竊想。

「你是新來的啊？」

「對！」

「我是球隊的翻譯，我叫阿泰。」

「你好！我叫泰山。」

「欸——要不要進來坐？」

「好啊！」

就這樣，阿泰（現效力統一獅隊）成為我進味全龍認識的第一個朋友。

當時球團包下金府飯店其中一層樓做為球員宿舍，建立專屬空間，避免與其他下榻飯店的旅客互相打擾。我和同期加入的葉君璋同住一房，而其他人的房間也都緊緊相連，所以回到宿舍大家經常到處串門子，感情非常要好。

前面說過，我是透過特考進來，跳過當時二十四歲才能打職棒的門檻；放眼望去我就是全隊最小的，加上長相也算憨厚可愛，前輩們都十分寵愛我（團寵程度大概不輸現在中信兄弟隊的江坤宇）。

那時我很愛遊走在各個前輩的房間，也喜歡觀察他們不打球都在幹嘛，順便了解他們的喜好。

例如——

黃平洋前輩是「書法家」；愛寫也寫得好。他經常叫我拉張椅子過去坐著練字、練心，但我總是隨手抽張報紙過來裝裝樣子。

陳金茂前輩是「節奏藝術家」，他會把偶爾小酌的酒瓶蒐集起來，串成裝置藝術也當作鼓，時不時上演一場即興打擊樂。

黃煚隆前輩和洪正欽前輩是「茶藝大師」，我很喜歡一邊品嘗他們泡的茶，一邊聽他倆聊穿越古今中外的趣事。

孫昭立前輩是「寵物達人」，但他養的不是毛小孩，是我……他經常帶我出去點了滿桌菜，卻只看著我吃，然後露出滿意的眼神說：「看你吃得開心，我就開心。」

羅世幸前輩則是「禪修大師」，喜歡打坐。一回我經過他的房門口，稍微探頭看了一下，前輩突然開口：「要進來就進來，不要在那裡偷看。」我嚇了一跳外，也懷疑他背後是不是有長眼？怎麼會知道我在門口偷看……

✦

有聽說在其他國家打球很難奢望前輩會義不容辭地教你，畢竟，說是團隊運動，但來到職業層級大家有一層競爭、續約壓力；「不是你死，就是我亡」正是這個世界的殘酷現實。

可是，我所認識的味全龍前輩完全不是如此。不只很照顧我，也常幫我特訓，尤其是我的拜門師父——郭建霖。他每天陪我練習接球、教我守備步伐，舉凡三壘快速向前移動接球、後撤移動接球、左右橫移，常這樣來回無數趟，直到我累趴在地上，還是要求我繼續把握機會學習左右撲接。

「禪修大師」羅世幸前輩也會陪我特打，我們經常私下相約，扛兩大籃的球互拋給對方打，有時我打不好，前輩還會故意激我：「小子！你打成這樣……要等到民國幾年才能超越我啊？」

雖然訓練很累，前輩們又很喜歡捉弄我，但有他們的相伴總是幸福的。可能也是因為這樣，在那段我因表現差勁而不想面對一切的日子：

前輩們——就是我不至於完全迷失的理由。

場外的天使

「工作×生活」——

這大概是每位成年人的兩大日常重心吧？

二者息息相關；卻又相互矛盾。

因為工作就是為了給自己（或家人）更好的生活品質，也滿足心中對自己的想像及期待；但也因為工作，經常得擱下生活中一些需要親身參與的時刻，無法時時滿足照顧好自己（或家人）的需求。

於是——

當你全心全意以「工作」做為首要日常重心時，卻有人可以守著你的「生活」；無條件為了你打理好自己和關於你的所有；成為你的精神支柱。

你真的得好好珍惜這難得且重要的存在。

很幸運的，我很早就有這樣一位守護天使；鎮守在徐老師及前輩們顧不到的時刻。

她名叫「靜宜」——是我現在的太太；當時的女朋友。

謝謝她成為我的依靠，在我二十歲出頭且面對難以招架的球場逆境時，可以適時接住丟掉包袱後的我。

我和靜宜相遇在一九九六年一場圈內朋友的聚會。

聚會當天，我比她早到現場，獨自坐在包廂的角落看著朋友們載歌載舞，本以為當天與會的人都在現場了。

突然間！

我留意到包廂門被悄悄推開……

接著，映入眼簾的是一位清新脫俗的天使——

擁有一雙深邃大眼和一頭秀麗長髮，穿著白色素T搭配藍色牛仔褲。

當下我的目光真的移不開她！還在心中為這美若天仙的一幕貼上綜藝節目常有的乾冰效果，用此來襯托她散發的仙氣。

她抓著門隱著羞澀，探出身子急忙環顧著包廂內是否有她熟悉的身影，但唯一攫獲她眼神的就是我……

我被她水汪汪的大眼深深吸引，然後，呆愣了好幾秒。

回神後，她的目光早已移開，走向一名認識的朋友身邊。之後知道她是當時擔任「味全龍族」雜誌記者王興嫻的學妹，名叫靜宜，正就讀世新學院（現世新大學）夜間部新聞系四年級。因為快畢業了，特地來拜會現場幾位身處新聞界的前輩。

「天啊！這……這也漂亮得太誇張了吧！」這是我當下內心的口白。很矬——但很實在！

她的樣子與氣質，完全是我朝思暮想的女神類型。

當晚經過開頭那回四目相接的橋段後，她就再也沒正眼看過我一次；加上在場不少人，我又不敢裝熟，就沒什麼機會與她交談，只能默默地偷看她……

「欸！泰山！可不可以問問你在本季……」一位體育記者朋友問著我新人年發生的種種事情，但我幾乎無法專心回答他……

我時不時偷瞄靜宜，好奇她有沒有注意到我一直在被問問題，或者有沒有注意到我是誰。可惜——她完全沒有反應。

「她八成不知道我是張泰山吧？但我是張泰山又怎樣？棒球員有什麼了不起？」我不斷在

心裡嘀咕著。

我實在很想大方上前去自我介紹，但又怕這樣的舉動過於冒昧而嚇到她，更怕引來嗅覺極度敏感的記者朋友，害這段單戀見光死（喂！這麼快就陷入單戀喔?!才看到本人不到一小時！）

後來自認歌喉不差的我試圖選擇用比較「技巧性」的方法來吸引注意，於是點了幾首私房招牌情歌，例如——許志安的〈想說〉、童安格的〈現在以後〉。終於輪到我唱的時候，便投入出比五燈獎歌手還深的情緒來寄情。

「水喔！泰山！」

「讚啦！不簡單喔！」

「喲喲喲！會打球還更會唱！」

大夥在我獻唱後給予熱烈掌聲和極高評價！

本來想說這下妥當的我……結果……靜宜根本沒在聽……

「到底是哪個白目不挑別時，偏偏挑這時候一直和她講話啦！吼唷！」我的內心甚是憤怒！

回想我生涯第一年——

縱橫球場面對再怎麼凶悍的投手，都毫無畏懼。

如今面對眼前心儀的女生……卻完全束手無策……

（我與靜宜的羅曼史下章待續）

✦

記得有一次比賽結束，我回到租屋處後，球衣還沒脫下來就急忙衝進浴室；「啪」的一聲，顧不得冷熱水調節就將水龍頭開到最大，任憑從蓮蓬頭傾下的大水沖灑全身。

當時已和我正式交往且來陪我的靜宜，被我突如其來的舉動嚇到，但並未因此責備我。

她站在浴室門口看著我——

知道我很自責；

知道我在場上表現得很糟；

知道我看似沒有盡頭的壓力；

知道我需要一些宣洩自己的無害做法。

所以，她只是在一旁靜靜地陪著我，看著由淚水、汗水及一身紅土混成的褐色漩渦盤旋著排水孔。

幸虧——

她當時沒落下狠話：「欸！等等自己刷浴室喔！」

不然，我就改稱她「惡魔」！

面對球場上的挫折，靜宜無從給予技術面的建議，也幸好她沒這麼做；要不然已經在球場被輪番耳提面命後，回家還要經歷疲勞轟炸可真是無路可逃了。但有一次她突然在一個很愜意的聊天話題中，冷不防地塞一記尾勁十足的內角好球：**「即使你表現再爛，總教練還是排你先發，執意要你扛起中心打線。你何不就反過來拉著情緒認真面對，而不是再搭著情緒的肩倉皇逃離？」**

「喂喂喂！這球有『惡意觸身』嫌疑喔?! 表示一下吧！」我心中的邪念鼓譟著。

「來來來！給我聽好！她說的是對的！」同時存在心中的善念急忙拉起我的耳朵，完整導入靜宜這段話進到我的腦袋瓜裡，再急忙摀起我的雙耳深怕這段佳句溜走。

「對耶——我為什麼要一直覺得自己好像很可憐?!」我突然從陰霾中清醒。

靜宜的大膽配球，消滅我等待命運天神將我從苦海裡保送上壘的執迷。我重新反思當下的局面，在中華職棒還沒有二軍制度的時空背景下，表現不好也沒有其他棲身之所可以找回狀態。整支球隊的可用之兵就幾位，徐總既然選擇我，評估即便短期內我奇爛無比，但長遠來看會是唯一正解，那我就正面對決吧！

所謂「聽君一席話，勝讀十年書」，靜宜可說為我打造了以愛為基礎的信心起點。

隔天，我起個大早。

快速盥洗完畢後，站在鏡子前重新整理近期的心情和表情；總覺得今晚的比賽我將迎來全新的局面！接著出了門，為了避免打擾鄰居清夢，我象徵性地在家門口無聲地振臂吶喊著：

「張泰山要回來啦！」

便昂首闊步踏上前去球場練球的路。

結果——

晚間的比賽。

我還是被三振出局了……

嗯——那些勵志電影的情節……

是騙人的。

突破逆境……

認真要說一九九七年——

我真覺得是臺灣棒球史上最難以形容的三百六十五天。

因為我和所屬球隊味全龍，甚至是整個中華職棒都遇到前所未有的逆境。

人家常說：「天助自助者。」意思是即便祈求上天保佑自己度過難關，自己也要用點力、想點辦法自救。

縱使味全龍隊在一九九七年的上半季打得奇差無比，但全隊上下都沒有人真正放棄。

從總教練開始說起——

隨著比賽經驗累積，作戰靈活又知人善任的徐老師，終於找到讓我和其他年輕選手較無壓力且可解放優勢的策略。他觀察到包含我在內的年輕球員，由於經驗稚嫩，在打擊區上經常因求好心切而過於急躁，容易讓對方投捕牽著鼻子走。於是他引導我們將攻擊模式簡單化，鼓勵我們善用年輕球員的矯捷身手，把想為球隊建功的企圖心建立在上壘後的壘間破壞。

這建議對我來說尤其管用！

當時我評估自己的打擊手感已經完全亂了套，無法提供球隊比照前一年的長程火力。因此，我聽從徐老師的指導改以追求上壘為主要策略，且一旦上壘就把握機會大膽搶壘，換個方式為球隊創造更好的得分條件！

而隊友之間呢——

自從球隊被迫進入重建期後，依然留在陣中的資深選手黃甦隆、陳金茂、羅世幸與洪正欽等幾位前輩，就如先前分享的那樣，經常毫無保留地對我和葉君璋這一代年輕選手傾囊相授。經常拉著我們解讀比賽、特打特守，整支球隊凝聚了一股堅不可摧的革命情感。

我們年輕輩的回饋方式，就是盡力搖滾比賽期間的休息室氣氛。那時陣中最會熱場的陳炳男，兼具口才和勇氣，很敢去逗比賽中總是一板一眼的徐老師；每當徐總被他鬧到脫下「偶包」忍不住發笑時，就是我們最 high 的時刻！

相信不只是我。

經歷戰績慘澹的上半季，龍隊每個人心中或多或少都有過刻骨銘心的痕跡。

但——我們都挺過來了。全隊手把手、心連心，記起失敗帶給我們的教訓與啟示，厚實個人的心理素質及開發新技術，陸陸續續從昏天暗地的黑暗期走出來。

事實證明，當我們站穩腳步後，團結所展現的霸氣勢不可當！我們不只再次看見棒球的美好、充滿希望的未來，更重要的是，味全龍隊在大家齊心努力下逆勢抬頭，強勢豪取下半季冠軍！

徐老師的眼淚

我曾因想突破困境、打出成績的壓力，遺失原本的單純與快樂，一度得靠蓮蓬頭大水掩護淚水洗滌頹喪的身心。

但除了我以外，不瞞你說，徐老師也哭過。

龍隊下半季回魂攻下山頭後，我們與時報鷹隊在該年的十月八日起，陸續在臺北、臺中、高雄、臺南展開七戰四勝制的總冠軍賽。

場場關鍵的短期比賽中，我們分別以一：五和二：三輸掉前兩戰……

好在我們早有逆風打球的經驗，知道怎麼在困境下重整旗鼓；第三戰起我們便群起反撲，逆勢以七：二、二：〇及二：一翻轉戰局。

到了第六戰。

全隊移師臺南球場作客，剛開賽一局上，我們就趁勝追擊，持續施壓於對手取得兩分先機；一直到九局上半結束，我們取得四：〇的領先優勢。

但棒球就是一項這麼奇怪的運動，領先方總是覺得分數不夠多；落後方永遠認為一分就超級巨大。

記得九下局面來到一出局，一、二壘有人的情形，只要一支安打或保送，再加上一發全壘打，整場比賽就會瞬間回到原點，真叫人放心不得。

不過這個折騰人的賽季未再節外生枝。

最後棒球之神欽點了龍隊，讓對方打者費盡洪荒之力仍只擊出一顆強勁滾地球，遭到我方攔截策動雙殺，比賽結束。

當下位於臺南棒球場左側看臺上，由紅色彩帶構成的洪流傾瀉而下，正式向全臺龍迷宣告——職棒八年總冠軍屬於味全龍。

從年初開始，便忍受主力被新聯盟挖角、年輕球員不斷在場上犯錯的徐老師，終於壓抑不住苦了一年的心落下英雄淚。他在受訪時提到：「我從來沒有這麼在乎過輸贏，這是我今生的第一座職棒總冠軍獎盃，我會好好珍惜。」

但原本這段冠軍之路，是可以單純成為一種激勵人心、永不放棄的真實題材；卻因為環境中其他因素，使得它被複雜化了。

我在想，一生高道德操守且深愛棒球的徐老師，眼淚裡大概還有很多很多輸贏以外的情愫……

老實講，從我踏入聯盟的新人年起，就開始有耳聞凝結在棒球場外的烏雲正步步進逼。當它真的離我不到一步之遙時，驚覺棒球已不再是小時候以為的單純，我很慌張，也很難過。

但我不能說……也不知道怎麼說……

本該是帶給社會正向力量、青春活力的職業運動，怎麼反而在此讓人看見社會的黑暗面呢？

一九九七年是很多人為棒球落淚的一年——

著急、懊悔、憤怒、難熬、折磨、喜極而泣……

我很難一語道盡自己對「棒球」的情感，它乘載了我好多小時候的夢想；許給我家裡買不起的牛奶與饅頭；串起我和家人、朋友的美好回憶；成為我成家立業的磚瓦。

我實在沒想過有誰忍心去破壞這麼美好的一項運動，但它就是發生了……

我知道——再怎麼粉飾、避談，終究掩蓋不了發生在一九九七年的悲劇。特別對那些和我一樣，把棒球視為生活中不可或缺的「球迷」；在看臺上滿腔熱血的吶喊、義無反顧地相信，最終只換得無盡失望的局面……

「原本萬人空巷的排隊購票場景，早已變成稀疏的入場人群。這下——還會有球迷願意進場嗎？」「當夢想舞臺變得如此不堪……還有什麼條件叫孩子們『勇敢追夢』呢？」

身為職棒的一員，面對當時一連串事件，只能不斷告訴自己：

要對得起自己！對得起球迷！還有對得起仍然願意相信、願意付出的人！

也許我改變不了現實已發生的事，但我一定要堅守棒球的原貌，攜手其他同樣潔身自愛的選手，藉由我們的微薄之力，重新散布棒球教會我們的美好事物；贏得這場不能輸的戰役。

二壘

承接與承受

下一站——我要去臺中。

不過臺北到臺中車程要一段時間，途中還會經過一些有趣的地方。我們可以先循線聊聊一些我臨時想起的事，以及其他臺北城未完的故事。

順著國道一號南下，離開大臺北的最後一個行政區是新北市「泰山」區。每次行經這邊，我都覺得很好玩，看著路牌上寫著「泰山」箭頭又指向前方，好像在暗示我往前開一點就快到家了。

雖然職業運動員和一般上班族一樣都有下班的時候，不過職業運動員下班後所謂的「回家」，通常是通往鄰近球場的下榻飯店或球員宿舍。除非比賽地點就在居住城市，實質上的「家」也離球場不遠，才有可能真正回家；否則，一週、兩週，甚至超過一個月才回家一次，對於職業運動員來說，幾乎是家常便飯的事。

我現在住在「泰山」隔壁——桃園。

這裡不僅是我的孩子成長的地方，也是我「牽手」靜宜的家鄉。

噢——對了！

前面似乎有提到關於我和靜宜的羅曼史未完待續齁！

追女孩子，就和打球一樣

接下來，你先暫時擱下原本想親睹張泰山在棒球場周邊事物的好奇。我將為你呈現由我本人自籌、自編、自導、自演的浪漫愛情喜劇！

關於這部愛情喜劇呢……

我堅持一手包辦！

原因無他！當你有幸找來美麗的女主角願意共演時，怎麼可以讓這樣的自肥福利落入外人田呢?!

不曉得有多少人看過古天樂與張柏芝合演的電影《我家有一隻河東獅》？

我經常覺得自己與古天樂非常類似，除了長得差不多帥以外，就是在追女主角時，明明一開始已百般確認對方會是位溫柔婉約的女子。
沒想到——握到小手後才發現根本是牽到一頭「母獅」！
但我也算有自知之明。我這個人經常不按牌理出牌，個性上又屬天真浪漫派，女主角只好得用一些帶有「劇情張力」的方式來平定我的調皮。
想起來——還好我的人生很早就擁有她，要說她是我紀錄背後的推手，一點也不為過！

鏡頭接回我和靜宜在朋友聚會的初相遇場景。

偷偷爆料一下（嘿嘿）！
當晚聚會快結束時，因為靜宜一直沒唱歌，她的學姊特地點了一首歌讓她唱。
只見她害羞地拿著麥克風，即將用那輕柔卻又微微顫抖的聲音開唱——
我豎起耳朵，認真程度宛如得點圈要送回隊友般專注——
只聞那字「我」——

卻唱得像「窩偶歐額＄％＆＊＄＃＾」……

我的神情從認真逐漸轉向「母湯」……開始相信上帝是公平的。

美麗的外表下，藏著……魔性……五音……嗯……算了……

儘管如此，我還是很欣賞她！

聚會結束後，我一直很懊惱沒機會和靜宜交談。唯一和她搭上的一句話就是離開前那句：「回家路上小心喔！」她微微笑對我點了點頭，這是我們第二次目光交會。

自從那次聚會後，我一直沒機會再見到靜宜。

接下來我跟著球隊全心全意投入一九九六年職棒七年總冠軍賽。雖然僅是菜鳥，但我打滿了六場比賽共二十三個打數，敲出六支安打、打回兩分、跑回四分，整體還不算太差。球隊最終以二勝四負敗給統一獅隊，我也錯過生涯首年就高捧冠軍金盃的可貴紀錄。

季後球隊待我們不薄，總冠軍賽失利後仍安排一趟澳洲慰勞之行。

那是我第二次踏上澳洲大陸，上一回是在學生時期唯一一次入選中華隊時。

我站在海邊望著風光明媚的景色，腦中想的卻是那位可和眼前美景爭豔的倩影——離上次見面已時隔多日，靜宜的身影依舊在我的腦海裡永駐。

我好希望可以和她一起分享這片大自然的美好，於是，默默在心中許下一份心願：「有一天我一定要親自帶著靜宜到這裡玩！」

「可是靜宜還會記得我嗎？」

「媒體上報導我的新聞，她有看到嗎？」

「她對我的第一印象又是如何？」

許下願望後，我一直反問自己這些問題……

當下，我想起日本棒球名將野村克也前輩說過的話：「打球，就和追女孩子一樣！都要主動出擊！」

我非常靈巧地將這句話反過來激勵自己，終於鼓起勇氣打定主意回臺後要主動繫起這段情緣。

認真來說——靜宜不是我第一個心動的女生。（不用擔心我的安危，這橋段已經和老婆喬好了！）

遙想國小那段還在山上打球的日子。

操場上，一群天真無憂無慮的小球員們，一邊繞著圈跑、一邊精神抖擻喊道：

「891！」

「×××！」

「呀呼——哈哈哈哈！泰山！今天又是喊誰的『女朋友』家電話啦！」

小球員們正為自創的無聊遊戲——「告白密碼」嬉笑玩鬧著。

當時我小六，擔任泰源國小少棒隊隊長，我和隊友們都有心儀的女同學；而且大家都很講義氣，喜歡的對象不會重疊。

為了玩「告白密碼」，我們不僅要眼觀四面、耳聽八方，知道誰又喜歡上誰；還要想辦法要到女生家的電話號碼。除此之外，這遊戲還有進階版，通常都是由跑在隊伍前方的我發起。每當我們跑步的隊伍經過隊友心儀的對象，我就會喊：「前面是誰欣賞的女生？」

有勇氣的隊友就會大聲回：「我！」

接著我再喊：「電話號碼幾號？891——」

隊友再接上臺東室內電話的後三碼：「×××！」

突然聽到家裡電話被喊出的女生，大多都會嚇一跳（誰不會嚇一跳？哈哈），隨即露出害羞的表情。

為什麼害羞？

因為——全校都知道我們棒球隊獨創的「告白密碼」遊戲啊！也知道我們又再替誰傳情、誰又被喜歡了。

面對比一般學生更刻苦的訓練，大家藉由心中的小愛苗讓自己訓練起來更輕鬆起勁！

我那時當然也有喜歡的女生，對方和我一樣是原住民，但和我不一樣的是，安安靜靜地格外襯托出她的氣質。平常都帶頭作怪的我，被大家抓到把柄後，自然也不會被放過，甚至連老師們都會幫腔鬧我，故意製造我倆接近的機會，害我臉紅……

只是，棒球隊經常要去外地比賽或參與訓練，很少在學校上課，我和那位女生沒有太多互動機會。加上國小畢業後，我就離開家鄉遠赴屏東打球，這份純純的愛慕之情也就隨著不再交疊的生活軌跡落幕。

✦

返臺後，我立刻聯繫紅娘……啊！不是啦！是擔任味全龍族雜誌的那位記者、靜宜的學姊──興嫺。想透過興嫺幫我約到靜宜，試圖把兩條人生平行線強行交會。我知道這方式很麻煩人，自己也很難為情，但這是我左思右想後最可行的辦法……

畢竟她倆本是舊識，當初靜宜會去聚會，我猜大概也與興嫺有關。

「你──是不是有什麼事呀？」電話那頭的興嫺被我突如其來的來電和飯局邀約搞得一頭霧水。雖然她人非常nice，但任誰也想知道有沒有什麼特別原因。

「欸——就——那個——哈哈哈……能不能也邀請妳的學妹靜宜一塊來？哈哈哈……」我在電話這頭臉脹紅到像發燒四十一度。但好在興嫻心思夠細膩，不僅很快明白我的意思，更沒有戳破我的害羞之情，爽快答應我這件不情之請。

儘管如此，我們的飯局沒有馬上成行。主因是靜宜早上上班、晚上上課，時間難對上；再來她生性害羞，面對不認識的人很難跨出尷尬形成的社交恐懼。

就這樣——

過了好些日子，餐敘一事遲遲沒有進展。雖然我有點氣餒，但還是不斷厚臉皮地勞請興嫻多約她幾次；我心裡不斷告訴自己有試有機會，總有一次會等到她願意赴約（好險我是棒球員，經得起「充分準備，迎來失敗」這種戲碼）。

皇天不負苦心人！（嗯……辛苦的其實是興嫻……）

我終於等到靜宜答應赴約了！

朋友以上，戀人未滿

到了再見面那日，我宛如「初登板」一樣，既興奮又緊張。

還好——見到靜宜後，她依然記得我。

喔耶！

這一次我才知道她壓根不是棒球迷——說不定連打者打到球之後要往哪裡跑都不確定——所以才會在上次那個充滿棒球話題的場合如此安靜。

更不可能知道我是誰！

不過，這樣也好。

在她面前我可以自在地做自己，暫時拋開身為公眾人物的壓力與拘束。

由於我們成長背景相近，都是農家子女、從小在鄉間田野長大，農村趣事自然成為我們的聊天主題。在這個她比較能勝任的話題中，我刻意收起自己多話的習慣，讓她多說一些，然後自顧沉浸在她的一顰一笑中，欣賞她的另一面。

這個過程中，我發現自己愈了解她，就愈喜歡她……

兩、三個小時的聚餐韶光似箭，對我來說宛如只過二、三十分鐘而已。到了即將告別的時刻，我依然覺得意猶未盡，心裡不斷想著：「好希望再有下一次聚會，而且最好趕快來臨！」

但我很快想到上一次不敢開口留電話的遺憾（也想起「告白密碼」那個蠢遊戲……哈哈），這一次我勇敢地要了靜宜的聯絡方式。

相談甚歡的聚餐後過了幾週，我除了練球以外，天天都想打電話給她。只是一方面怕她白天上班、晚上上課沒時間；另一方面又怕她覺得我很煩，遲遲不敢輕舉妄動……

猶豫之際，我突然閃過一個念頭：「再等！你就不怕女神被追走喔?!」跑馬燈的字幕還沒在我腦中跑完，我就趕緊拿起話筒，撥出她留給我的號碼。

「嘟嚕嚕嚕……」那一刻，我心跳得好快。

「嘟嚕嚕嚕……」噢！天啊！我總冠軍賽有這麼緊張嗎？

「嘟嚕嚕嚕……」萬一她拒絕我的邀約，我該怎麼辦？

「喂——」電話接通了！

「喂！喂喂喂！麻煩找靜宜……」

「我就是。」

啊啊啊啊啊啊！我竟然沒有第一時間認出這天籟之音！

「我是泰山啦！還記得我嗎？」我尷尬地笑，手還捶著大腿，懊惱沒有認出來。

「哦！記得啊！」

「妳今天晚上有沒有空？我想請妳吃飯。」我的心跳比剛剛更快了。

「今天——晚上我有課欸！明天晚上好不好？」

「好啊！明天晚上，妳幾點下班？」我已經快要窒息了，但還是很鎮定地把話說完。

「六點。」

「那六點三十分，我在南京西路新光三越門口等妳。」這是我最後的理智了。

「好。」

我有聽心理老師說過，人的心跳要是超過一定範圍或情緒過於激動，很有可能會瞬間空掉幾秒。

然後——這就是我聽完她最後那句「好」之後發生的事……

真沒想到一切會這麼順利！

而且這會是我第一次和靜宜單獨出去唷！（可能我從小打球太習慣有「隊友」了，加上不讓生性害羞的靜宜太尷尬，所以上次吃飯有安插電燈泡。）

我振臂大喊一聲「Yes」，開始幻想要帶她去哪家高級餐廳，要怎麼打扮自己，想盡所有可能要把握這次機會，為自己在她心中留下絕佳印象。

約會當日——

我抹了髮雕（那時頭髮還很多，而且還長到會隨風飄散呢），

噴了香水，

衣服更是精挑細選過。

我在鏡子前自戀到超過預定出門時間，匆匆趕到赴約地點後，整整遲到了五分鐘……

我在人群中不安地尋找她的身影，除了初次單獨約會的小鹿亂撞情愫，更焦急著會不會因為遲到氣跑人家……

直到——我看到了靜宜——才稍微放心。

她依然是白色上衣和牛仔褲的招牌打扮，對比之下，我的一身行頭讓自己顯得有點難為情。加上這次沒有「隊友」助陣，心裡頭又因剛剛自己的「失誤」還沒平復，原本預習老半天的開場白完全沒派上用場，只落得說出：

「哈囉！我們先去吃飯的地方。」

……（扶額）

我們走向餐館的路上，我緊張到像機器人一樣，彼此沒有太多交談。好在街頭上穿梭的人群填補了尷尬空白，我趁機抓捕內心紛飛的蝴蝶，好讓我等等入座後能「正常發揮」。

終於到了餐館後，幸虧有上回聚餐的經驗，讓這次的靜宜相對健談，過不了一會兒我們就打開話匣子了。這次換我說更多關於自己的事，包含向從來不看職棒的靜宜介紹我的工作及職場環境。有趣的是，原本屬於女人祕密的「年齡」話題也意外搬上餐桌，我這才知道原來她足足大我三歲！但好在她沒太把我當成涉世未深的小鬼頭看待，我當然更不會因此截斷對她萌生的愛意。

經過這次約會，我們成為很要好的朋友，互動也更為自然。很長一段時間，我會在她晚上下課後打電話給她，一聊就到深夜就寢前才停歇；也把握幾次她難得有空、我也剛好沒練球的時間一起出遊。

記得一回我們騎車到陽明山，那天是典型的臺北冬天——氣溫很低、溼度又高。我載著靜宜頂著寒風，全身都快凍僵了……但心裡又想著：「不行！不行！這是我提議的踏青，靜宜沒有半點遲疑，即便是冷到後悔也不能現在漏氣！」於是我忍著發抖仍挺直腰桿，試著為後座的靜宜多少擋點刺骨冷風。下了山，我們還去臺北故宮博物院，但我的記憶裡裝的不是巧奪天工的翠玉白菜，而是我們拋下了長大後的包袱，像小孩子一樣在階梯上追逐、猜拳，無憂無慮地嬉戲著。

我好喜歡看著靜宜天真的笑容，真會一掃我所有的煩惱與憂愁。

「有沒有想過大方向她告白呢？」

當然有啊！

互動更熱絡後，我成天想找個時機向她表明心意，但就是遲遲不敢開口。頂多試過「暗示法」傳情，但不曉得是靜宜太遲鈍，還是她刻意裝沒感覺……總之，她完全沒有反應……

還有一次，我們去人潮擁擠的士林夜市。當我們正要過馬路，由於車子非常多，我順勢拉著她的手往對街跑，這是我第一次牽她的手，本想就這樣牽著不放開……但她很有技巧又不失禮貌地悄悄鬆脫我的手。老實說……我很失望，對我來說這意味著我們依舊只是「朋友以上，戀人未滿」。

又過了幾些日子——

隨著新球季備戰，我即將跟著龍隊開拔到屏東集訓（就是先前提到的地獄春訓），這意味著我將會有很長一段時間沒辦法和靜宜自在地聊天、見面。於是我決定在集訓前夕，正式向靜宜告白。

一天深夜，我一如既往和靜宜在電話上聊天。當我們聊得正開心時，我突然對靜宜說：

「嘿！像我們現在這樣，是不是很像一對情侶？」

靜宜頓時不發一語……

我又緊接說：「我很喜歡妳，妳可不可以當我的女朋友？」

靜宜依舊遲遲不說話……

我開始心急了，一時顧不了太多連忙追問：「可不可以嘛？喂！可不可以嘛？」

「像現在這樣——不是很好嗎？」

「可是——我希望和妳成為正式的男女朋友，我想定下來。」

「我對你的感覺很好！但——相識的時間，我覺得還太短。而且，我對你們公眾人物本來就充滿著不安全感，也許你喜歡我只是一時的，等到你去屏東集訓，就會忘了我，所以——我想等過一陣子再說吧。」

我很想反駁她的想法，但最後還是尊重她——

我想用時間、行動證明心意。

接下來，我就用最樸實的行動努力編織這段屬於我和靜宜的紅線。每當球隊放假，我就會回臺北找靜宜，哪怕只有一天假期，我還是會去等她下班，把握幾小時的見面時間。

這好比球場上的基本動作訓練一樣，看似土法煉鋼、了無新意，但所有的美技都建構於此，而我和靜宜的愛情也因此萌芽——原本她以為我去了屏東、隨著球季開打，對她的心意就會被時間和距離帶走，結果反而愈走愈深。

其實我能同理靜宜的心情——害怕公眾人物為了維持形象和粉絲號召力會只顧自己。所以在那時候為了證明我的真心，每當我們走在街上，只要有人認出我，我就會馬上牽起她的手，讓她有安全感、讓她知道我才不會因為一己之私而放下她。

漸漸的——靜宜終於接受我的感情，跨越那條「戀人未滿」的界線。

「刺」激一九九九

中華文學博大精深，有時「一字之差，謬之千里」，但也有同一個「字」隱含多重意義的時刻。

一九九九年，中華職棒十年。臺灣棒球就因一個「刺」字，受傷慘重。

該年四月二十六日一早，位於臺北的士林德行東路上發生一起流血事件，受害者正是時任味全龍隊的總教練、我們球隊的老大——徐老師；當天早上他獨自送女兒上學後，就在步行回家的路上遇「刺」。

身中四刀的他被送往醫院治療，縱使閃過了致命要害，受訪時還能輕鬆以對；可是在旁明顯驚魂未定且神情擔憂的師母，對比神態自若的徐老師，間接顯露當時職棒環境的不安及弔詭之處。

受「賭」害甚深的中華職棒，球迷進場人次連年走向負成長；即便身為聯盟人氣球隊之一的味全龍隊，也難擋虧損程度持續擴大的惡化現象。聯盟倒閉、球隊解散的消息甚囂塵上，球員們各個人心惶惶，但大家聚在一起時卻又裝出「明天會更好」的樣子，沒人敢提那些小我無力承擔的大事。

關於這現象——

我聽說心理學有研究過，人為了避免產生「認知失調」，或者為了規避內心無力招架的

「事實」；會在潛意識層次產生一種「信念」，之後便不斷說服、鼓勵自己往那信念行動。於是，當個人無力招架的壓力發生時，就容易出現一些「迷信」行為，以為自己想些什麼、做些什麼之後，就能改變現況或躲過災難。

當年的味全龍隊，可以說就在這「迷信」中度日。

因為——

自從一九九七年後，一九九八年我們也奪下冠軍，然後，一九九九年我們也很有企圖心可以完成「三連霸」壯舉。

「誰會笨到去解散三連霸冠軍隊呢？」球員間都是這麼想的。

這也實質化作我們每天賣力訓練、賣力比賽的動力。每個人都想拚到底，希望能用最好的成績挽回球迷的心、提高球團持續投資的意願。

殊不知——隨著時間河流開筏到年底，悲劇就諷「刺」地從傳說變成現實。

印象很深刻。

球季開打前，我就與已交往兩年的靜宜訂婚，準備球季結束後，搭著球隊三連霸喜上加喜（我就是有信心可以拿下冠軍）。俗語說「娶某前、生子後」，人會特別旺，即便我篤信基督教，但不得不承認那年我還真的挺順的；全年累積打擊率三成二一，一百零五支安打、十七支全壘打和七十分打點，差點拿到三冠王（最後只奪下打點王），可真是愛情、事業兩得意。

也因為這樣，那些原本季初的惶恐，一度因我的好表現和球隊夠團結，被我拋諸腦後，幾乎快忘得一乾二淨。

但就在我們眾志成城奪下三連霸之際——

聯盟元老級球隊三商虎突然先行宣布解散。

「哇！季初的預言之一成真了……」

「對啊……接下來……該不會……真的換我們吧?!」

「不會吧……三連霸耶！誰會解散氣勢正在巔峰的球隊？我們票房比起來也不差吧？」

不安的對話與氣氛瞬間澆熄大家完成壯舉後的心情。

不久後——

令所有人背脊發涼的消息傳來——

「味全公司稍早自行宣布球隊停權一年，這一年期間球團將持續支付球員原合約的六成薪水，並且不設他隊外借、吸收球員之條件。」

話沒說死，但明理人都知道這形同「解散」宣言了。偏偏包含我在內的所有龍軍隊職員仍不死心，繼續滿懷希望一切還有逆轉的可能，或者寄望如其他傳聞說的「將有新公司來全盤接手」。

面對突如其來的消息，我沒有太多心力煩惱，總不能因為我的心情，而誤了我和靜宜的終身大事。別無選擇下，我將自己埋首於籌備婚事中，也感謝聯盟當時替我開了先例，讓我在新莊棒球場舉辦別開生面的球員球場婚禮。

順利完成婚禮後，我帶著靜宜去了一趟蜜月旅行。這趟旅程說來特別，一方面是搭上球團為了犒賞三連霸的辛勞，招待全隊攜眷到歐洲旅遊的順風車；二方面是這本應為慶祝壯舉的喜悅之行，卻因球隊瀕臨解散而落得人人憂心忡忡。

雖然十二天的行程中，大家還是有說有笑，到景點也算玩得開心；但車程中安靜下來時，仍可以感覺到大家的心都懸在半空中，擔心會不會根本變成一趟「畢業旅行」……

那幾日，教練團會適時扮演像營隊隊輔的角色，提醒我們還是要好好享受國外風景，鼓勵我們對將來要有規劃和信心，也替我們帶來最新的國內消息——

「聽說，部分球迷自動自發集結，發起上街遊行聲援我們，希望母企業不要解散球隊。」

我聽到當下很感動，也很不捨。到底是什麼樣的命運編劇寫下這樣的折騰劇情？苦了只想好好打棒球的球員，以及只求好好看棒球的球迷……

一九九九年十二月十三日，旅遊即將結束的前三天。

我們終於接獲從球團高層傳來的拍板消息——

味全龍隊正式解散。

當下，即便大家早有心理準備，但知道確定解散後，還是難過到像毫無準備一樣……

之後，每到一個定點，再怎麼強顏歡笑，我們還是會相約留下合照。

畢竟——再不拍，也沒機會拍了……

旅行的最後一晚，載著我們的大巴行經巴黎市中心；我看著窗外溫馨的聖誕氣息，對比車內的低氣壓，心裡真的好酸、好酸。就在我不捨好不容易建立革命情感即將畫下句點，眼淚就快奪眶而出之際——

「我的名字，叫做×××！嘿唷嘿唷嘿嘿唷……」

不知是誰起的頭，拿起麥克風唱起來。

接著愈來愈多人搶起車上的麥克風輪流唱……

頓時間，全車的氣氛翻過車外的喧鬧！歌聲、掌聲、笑聲點亮整輛巴士！

原本在座位上被逗得笑開懷的我，看了一下鄰座的靜宜，發現她盯著窗外，眼眶卻閃爍著淚光，好似陷入一陣拉扯糾結。然後……

「別管以後將如何結束，至少我們曾經相聚過，不必費心地彼此約束，更不需要言語的承諾，只要我們曾經擁有過，對你我來講已經足夠，人的一生有許多回憶，只願你的追憶有個我……」

突然有人唱起那時很紅、畢業典禮必唱的歌曲〈萍聚〉，此時已有很多眷屬低頭啜泣著，很多球員也忍不住流下男兒淚。原本想用歡樂氣氛掩蓋落寞情緒的大家，終究還是敗下陣來。

就這樣，我們在一片歡笑與淚水中，紀念著我們不滅的情誼。

致，一九九〇年~一九九九年的味全龍迷

長達十多個鐘頭的飛行加轉機後，我們一行人終於結束「畢業旅行」回到臺灣。一到入境大廳，守候多時的媒體記者全部蜂擁而上，無不想知道更多關於味全龍解散的消息及球員們當下的感受。

說實在的——當下我們知道的和媒體差不多，甚至更少；除了「確定解散」以外，我們一概不知。

面對眼前的瘋狂追問，真的是傻愣在原地，只能表明希望能夠再和大家一起拚，一起打球，不要分開。

隨後我們試圖突破重圍，準備步出大廳搭球團準備好的巴士，一路有好多深愛我們的龍迷朋友，各個手持標語，揮舞著、高喊著——

「味全散了，別讓龍隊也散了！」

「龍族不散！」

「龍迷永遠與你同在！」

「加油！不要放棄！不要解散！」

……

時隔多年的現在，想起當初龍迷們給我的剪報——知道當我們在國外時，真的有一群將我們視如己出的球迷朋友，為我們奔走、為我們聲援——我還是好感動，也好心疼。

謝謝你／妳們！

你／妳們的義不容辭，一度讓我覺得自己憑什麼？

憑什麼我在國外暢遊……

卻讓你／妳們為了球隊在街頭烈日下搖旗吶喊？

你／妳們還記得一九九九年十二月二十六日嗎？

那天，我們齊聚在臺北火車站，一起參與由熱血龍迷舉辦的「網龍自救會」。許多球員和球迷都來到現場，簽名、合照、擊拳等，所有我們能珍惜彼此的互動方式，成為當天的活動主題。

雖然還有另一個原因使我們紛紛響應——讓當時接手呼聲極高的企業看見我們的凝聚力，藉此提高續命龍魂的機緣。

顯然，最終我們還是功敗垂成了。

但那一日——

直到二〇一九年之前，是我身為味全龍隊球員的最後一天；也是我整段球員生涯最值得紀念的日子之一。

除此之外，我還記得職棒十五年的五月十五日喔！

已解散幾年的味全龍隊，球員們各奔東西，轉隊、轉教練、退休的，各自過著無法再為龍隊效命的日子。你／妳們有些可能不再看球，或者被迫跟著所愛的球員轉檯，但心中似乎仍難以忘卻曾經共度的美好時光。

當時披掛灰綠球衣的我，偶爾還是可以看到在看臺上揮舞著龍旗、穿著龍隊戰袍為我加油的你／妳。此舉總會引起我心中特別的漣漪，笑著想為什麼就不妥協成為「牛迷」，也令我懷念起龍隊時期的快樂與磨練。

那種感覺就像回望每個人心中那段無疾而終的初戀——

滿載不怕被嘲笑的夢想、

深陷過青澀的承諾、

遺憾著被迫長大的現實。

但我們也因為這些跌撞，成為現在的自己——一位有故事的人。

二〇〇四年五月十五日，當天是聯盟表訂第一百零八場次，由興農牛於新莊棒球場出戰中信鯨的比賽。

賽前，我瞄到右外野有百餘位身穿紅色T恤、手持紅色加油棒、揮舞味全龍隊大旗的你／妳們，這大概是舊味全龍隊解散後最大一次集結吧?!

驚喜之餘不難理解為何會有如此排場，因為這場對戰，除了牛隊有我和葉君璋，鯨隊更有時任總教練徐老師、轉當教練的黃煚隆前輩與仍為球員的蔡昆祥。當時我們是少數仍在線上打拚的現役「龍軍」，要是仍對舊味全龍念念不忘的你／妳，確實這是最好的進場選擇。

害我淚腺差點潰堤的哭點，發生在該場比賽的五局結束——

那時與農和中信戰成一：一平手。

徐老師利用中場整理場地的時間走向右外野，黃煚隆教練也跟在後頭。這時，我和君瑋同時都有留意到，彼此對看一眼後，什麼話都沒說就十分有默契地步出休息室，昆祥也從鯨隊那邊走了出來。

當我們齊聚右外野致意，見到看臺上的你／妳們有好多人都已哭成淚人兒；這一刻，那些壓抑在我心底不敢表達的情緒，終於可以搭著你／妳們盡情表現出來。

我猜，那時不管是與農牛隊或中信鯨隊的球團、教練團、球員和球迷，都可以諒解我們，也可以同理我們的心情。原本喧鬧的現場突然間安靜下來，贈與我們一段難能可貴的獨處時光。

我還記得——

徐老師率先向大家表達多年來的支持，提到他會永遠記得你／妳們給我們的一切。

而我只是倔強地說了句：「謝謝大家。」避免讓你／妳們發現我激動不已的神情。

倒是葉君璋只是吐了句：「我……」就哽咽到說不出話來。

走回各自休息室的路上，徐老師和我不約而同地拍了拍君璋的肩，用著非語言的互動表達我們的心意。我還是聽得見你／妳們在我們身後不斷吶喊著：「龍魂不滅！」但我必須往前，不能頻頻回首。

因為——

人生就是這樣。

過去再怎麼令人眷戀，我們仍需不斷往前。

但我會和徐老師一樣——永遠記得你／妳們給我們的一切——讓我之後的每一步，都因帶著滿滿的支持與祝福，堅定不移。

謝謝！一九九〇年～一九九九年的味全龍迷！

峰迴路轉

對資深駕駛人來說，行經國道一號南下路段來到一百六十八公里處，看到路牌寫著斗大的「豐原／神岡」，會知道過不了多久，就會到縣市合併前的舊臺中市了。

然而，對我來說，每當南下經過這個路段，我總會不由自主地往左邊山頭望去，搜尋山頭遠處的一幢白色建築物，曾經——那幢建築物寫著興農山莊四個大字，有很多故事在那裡上演著……

舊味全龍隊解散後，我開始尋找第二春。

當時我有幾個選擇：

一、留在臺北，披掛黃金聖衣，加盟兄弟象隊；

二、繼續追隨徐老師腳步，轉籍到那魯灣聯盟。

但最終我卻是在一連串峰迴路轉後選擇「三、加盟興農牛」。

味全正式告別中職後，中職和那魯灣各隊開始大動作吸收味全龍教練、即戰力選手。其中，一開始又以兄弟象隊對我最為積極。

當年國內還沒有運動經紀人制度，所有合約談判、細節拿捏、簽約都由球員和球團代表洽談（老實說，國內的運動經紀人制度也是近些年才開始發展）。每個人面對這件事的態度、方式不盡相同，就我而言，原本很不喜歡主動去爭論待遇，通常單看球團怎麼衡量我對球隊的價值。記得我還在味全龍時，「談薪」通常是一分鐘就解決的事；過程多半是我走進領隊辦公室，球團說多少，我就拿多少。但像旅日歸國的陳大順前輩就相當謹慎，聽說每次都會準備一大疊資料去談，希望能爭取到該有的合理報酬。

但我成家後，逐漸有前輩教我要好好看待「談薪」這門功課。畢竟，我開始要負起照顧家庭的責任，未來買房、養小孩等都是一大開銷，加上普遍職業運動員工作生涯都不長，爭取應有待遇不是什麼要不得人的事。

就在這些前提下，我先接到王光輝前輩的來電，說兄弟象隊領隊洪瑞河先生想親自與我碰面，詳談邀請加盟的事宜。

我赴約前還在心裡頭想著：「兄弟耶！超人氣球隊！又在待了漸漸習慣的臺北，如果能順利談成應該還不錯吧？」到了約好的地點，洪領隊開頭便展現十分誠懇的態度，絲毫沒有大球隊負責人的官架子，令我愈聽愈傾心。直到話題轉到「薪水」這道關鍵詞，洪領隊提出月薪十五萬元待遇（當時我在味全龍的月薪是二十六萬元），我突然感到一陣痛……

欸——不是心痛！是腳痛！

原來是王光輝前輩聽到數字後覺得太過「抱歉」，急忙在桌子下踢我的腳，暗示我別傻傻地馬上答應。於是我先感謝洪領隊的盛情邀約，委婉地表達需要再回去想想。

在那之後，我們彼此還有過一次碰面，也透過光輝前輩轉達想法幾次。最終雙方仍無法達成彼此都能滿意的結果，就此抹消了「兄弟象隊四十九號．張泰山」的登場可能。

兄弟之後，最積極聯繫我的是代表那魯灣聯盟出面遊說的袁定文博士。袁博士開口就提出那魯灣會承接味全龍給的月薪二十六萬待遇且加簽三年保障約，外帶五十萬元簽約金，還附由聯盟承租的公寓給我和家人居住。另外，由於徐老師當時已確定要去那魯灣發展，新聯盟為了端出其他誘因吸引我，還特別通融我可以任意指定加盟徐老師所屬的球隊。

上述條件除了大大超越兄弟象以外，也超乎原先味全龍給的內容，更可以感受到滿滿的誠意與重視，叫我怎不心動？

於是，我當場就答應袁博士。

不過，原本以為只是先談約還不會簽，以至於我身上沒帶任何正式簽約需要的印鑑，只能把合約先帶回家。

傍晚回到當時位於淡水的家後，我和靜宜馬上在合約書上蓋章，為了慎重起見，還在頁與頁之間蓋上騎縫章，心想著明天就把合約送去給袁博士。

可是，當天晚上，我接到君璋打來的電話後，整體情況又走上翻天覆地的改變——

「喂！泰山，你在家嗎？」

「對啊！怎麼了？你在幹嘛？」

「欸！我在臺中啦！興農這邊！還有金茂、阿州、炳男。這邊訓練設備和宿舍都不錯耶！大概是現在全中職最好的吧！我覺得你需要來看看。」

「可是……我那個……」

其實早在先前，興農總裁楊天發有找過我，也在臺北和其他味全隊友一起吃過飯。只是我接連赴洪領隊和袁博士的邀請，一直還沒親自去位於臺中的興農大本營看看。

「我們剛和總裁聚餐完，等等去你家找你喔！等我們啊！」

「蛤?!現在過來唷？」

「對啦！等等見！」

就這樣，君璋與時任興農副領隊張高達先生等一行人匆匆從臺中上來，抵達我家時已將近晚上十點多。

「你要去那魯灣?!麥啦！」大夥在我們家聊了起來，我也和他們透露了稍早的決定。

聽了我的轉述後，這些老隊友們紛紛表示大家已在過去幾年拚出好感情，總希望接下來也能一起打球。重感情的我，在左一言、右一句之下，原先已駛進引路準備下交流道的心意，這下又重新攀回多聽、多想的路上。加上我的紀錄、記憶都在中職，一旦跨入新聯盟後，按當時的兩聯盟對立情形，一切的一切都得重新開始。

「啊不然這樣好了，那魯灣開給你的，我們統統比照辦理！你覺得如何？」在我猶豫之際，興農副領隊張高達先生突然說道。

「當真?!」我半信半疑地看著副領隊及一旁深情款款、目光閃爍動人的隊友們。

「好吧。那——就這樣吧。」

不到半天的時間，我的心路從駛向那魯灣聯盟又轉回中華職棒；從「豐原／神岡」路牌處下交流道開進興農山莊。住宿、訓練環境都還沒親訪過的我，就在眾人見證下，當場與興農簽約了……

我很難具體描述當時在想什麼，也不知道靜宜對於我的決定是否感到遲疑；但我猜自己是捨不得那份來自味全時期的革命情誼，別說我被君璋等人說服，連我自己也很想再和大家一同享受團結一心的美好。

這份決定究竟是好——是壞——

在這不能重來、無法比較的人生旅途，只能為自己的選擇負起責任、認真經營了。

可是，這意味著我將二度拒絕新聯盟的邀約；

也將與對我恩重如山的徐老師分別。

嗯——真有點即將出嫁、告別父親的複雜情緒呢……

老師那時知道後，又在想些什麼呢？

轉學生

從求學到就業，你應該遇過轉學生或新進同事吧？

要是你本身就是那位轉學生或公司新人，大概可以體會我接下來想表達的心情。

明明知道不該比較也無法比較，但是，人嘛！總會毫不知覺地拿經驗和當下比對，再產生一些情緒來推崇或拒絕改變。

可是，身為職棒球員，沒有像學生或一般職場員工說蹺課就蹺課、想離職就離職的「甩態」權利；要是一時衝動、想不開，可能就得付出再也回不來的代價。

也因為這樣，當球員碰到問題時——尤其是出於組織本身的現象——除了忍耐，好像也沒有其他辦法……

說循正常管道申訴嘛——

很抱歉——

不存在這樣的機制。

二〇〇〇年，我從臺北來到臺中，一直到十月二十一日與統一獅的總冠軍賽第六戰，五局下我擊出那支逆轉滿貫彈後，我才大方接回隔絕已久的「感受」，觸碰積滿快一年的情緒……

我目睹五盎司左右的牛皮白球被我九百三十克重的白樺木球棒重擊，一路哀號逃出球場；臨去前還警告著堆在我心中的怨氣，告誡它們最好識相點，跟著它即刻淨空。接著，我突然迎來一陣神清氣爽，不自覺地在跑壘過程中跳了起來；隊友也按捺不住，紛紛衝出休息室為被我趕出場的一切振臂說再見。而當我跑到一壘時，經常被電視媒體重播的經典畫面如期上演——我先激動地跪在地上與一壘指導教練碰拳再起身相擁，然後在全場歡呼聲中繞過四個壘包收割驕傲。

又是不容易的一年——

比起先前遇到的考驗，是不同層次的問題。

不過，這是「職業運動員」難免會碰到的事。有別於學生、業餘時期，原本單純不過的比賽、會帶來快樂的運動，都在你「長大」、變成「職業」後，跟著大人的世界複雜起來。

分享這段過往，不是要抱怨什麼（即便看起來很難不這麼聯想）；真心是想藉由我經歷過的事，提醒即將「長大」、投身「職業」的你，保持初衷的重要性。

那一晚，跟著興農副領隊來到我家的隊友——建州、金茂、炳男，相繼在球隊上半季封王後到該年九月期間陸續被釋出……

隊友——是我決心來到興農打拚的理由之一。如今因為「階段任務完成」等突如其來的理由得被迫離開，讓我和君璋十分錯愕。不僅如此，原先極力邀請我和君璋加盟所開出的合約，也因種種緣故必須重新簽訂，換上對資方較為有利的版本。

心理老師說過：「**同理自己、同理對方，不見得能立即解決問題、改善受困的感覺；但你有機會藉此看見情緒的源頭，也更能找回理性，替解套找出辦法。**」

因此，我明白當時大環境不佳帶來的重重影響。收益不彰帶來的政策調整，就是衍生出每季浮動計薪、年度加薪不易、常扣薪等「共體時艱」做法。讓球員們有時無所適從，甚至人心惶惶。

當時，「共體時艱」是相當常見的說法與管理方式，只是實際上產生的效果不比「理想」那樣無害。

不但破壞團隊間的凝聚力，更漸漸使人只想著「顧好自己就好」。

所幸——

有過先前的心理歷練後，加上靜宜的陪伴，我依舊能維持正向思考：「山不轉，路轉；路不轉，人轉。既然來到這裡，此時此刻現況又是如此，我不想只是抱怨，我要攜手新舊隊友們，讓『它』充滿歸屬感，成為另一個家。」

隊上許多隊友也有相同想法。

包含同期進來的新人「阿讓」鄭兆行、「紅猴」張家浩、一起長大的麻吉高健龍，還有叫我舅舅的「酷龍」曾華偉，大家都有很好的互動。陣中的老大哥「東哥」黃忠義，較常是酷酷的獨行俠，但該他扮演領袖角色時，他也會挺身而出照顧我們，經常邀請大家到家裡做客吃飯。

✦

來到興農的頭兩年，我不斷努力融入環境，適應一些乍聽之下容易走心的要求；反過來，球隊也不斷與連年加入的新血、日益艱困的經營環境磨合。比起一九九七年那次撞牆，我認為這兩年備受「內外夾攻」的情況更為明顯；「外」很容易理解，就是聯盟各隊投手都會刻意針對我的弱點狠狠修理；「內」則是我對自己的自我要求和達不到時的焦急。

相較過去在味全時期，那時我是「團寵」，全隊上下都會耐心協助我排除壓力、思考技術修正的細節，幾乎只要專注好自己就好（但那時太菜了，不曉得「做好自己就好」是件多麼簡單又幸福的事，還覺得天快塌下來了）。來到興農後，我是個「轉學生」，甚至是有點高調入隊的狀態（媒體或球團為了話題、行銷使然，絕對不是我臭屁），所以要額外負擔很多轉換心境、適應訓練、經營人際、證明自己等心理細節。我自認心理素質不弱，可是攤開數據後可知，二〇〇〇年～二〇〇一年是我打得最糟糕的時期，兩季打擊率都下探到生涯最低的〇．二五四；即使全壘打產量仍有雙位數表現，但肯定會讓一度期待我到來的牛迷們大失所望。

二〇〇二年起，不捨我獨自在臺中水深火熱的靜宜，辭去工作來與我同住。有她相伴，心頭之重多了可大方交託的人；很神奇的，我的表現、數據也開始攀升。

只是，好景不常——

困擾我好一陣子的傷勢開始猖狂起來，原本左手掌發麻狀況逐漸惡化成疼痛；甚至痛到連棒子都握不太住，幾次揮空後，我的球棒就會從手中溜走，幾度還被球迷嘲笑是假裝的。

為此，我跑遍南、北部多家醫院都找不出病因。在運動醫學還未成氣候的當時，醫院多半診斷為手腕扭傷，頂多安排電療、復健、吃藥，但始終成效不彰。直到球季結束後，到長庚醫院進行更詳細的檢查，才發現是左手腕上方的鉤狀骨斷裂；骨頭已滑落至手腕附近，必須開刀取出。

醫生說這類傷勢多好發於高球選手（因為揮桿時容易撞擊地面，造成手部壓力激增），沒想到竟出現在打棒球的我身上，使我成為國內相關傷勢的先驅……我的手腕處到現在還看得見當初開刀後的縫合痕跡，不過我已經給它一個更神聖的故事——

傷是傷了，治療後，我也找回身手了。

更重要的是——

它讓我之後很多類似問題的學弟都不必操心。

因為，在他們之前，有我親自走過，也用行動向他們說明：「不用怕！這點傷勢是打不倒我們的！」

披荊斬棘的番刀

喔——咿喔！

咿喔咿喔——喔咿喔——

喔咿喔咿——咿喔咿——

咿喔咿——喔咿喔——

喔——咿喔！

張泰山——

全壘打——

二〇〇三年，大概是牛迷們開始愛上大方享受這段加油前奏的起源。相信，這一年起，當這段有點俏皮的加油詞從牛隊看臺上喊出時，也是對手全隊背脊開始發涼的時刻。

當年對中職、對我都是重要的一年。

從中職的角度來看——經歷從一九九七年開始的兩聯盟競爭，終於在這一年迎來和平落幕的曙光。原那魯灣聯盟的球隊縮編成兩支職棒隊加盟中職，使得固有的獅、象、牛、鯨四隊外，再加上誠泰太陽和第一金剛，共六隊開打。

而對我來說——這是挑戰生涯百轟、百盜及多項「最年輕」紀錄的關鍵年。

熬過上一年季末的左手腕手術和復健，我帶著全「心」的自己強勢回歸。開季前，生涯已累積九十發全壘打，由於春訓階段身、心、技狀況都調整得宜，所以對於百轟達陣相當有信心。果然，三月八日，興農的開季第二場比賽，我旋即開張！

當天是迎戰改名為「誠泰COBRAS」的誠泰太陽，在全場五千一百二十四名觀眾的見證下，我先對誠泰先發投手楊騏嘉敲出陽春炮，取得球隊領先地位；八局下再對後援投手莊景賀掃出沸騰全場的滿貫彈。據聯盟人員事後轉述，這支滿貫炮不僅是刷新隊史紀錄的全隊單場第五轟，也是隊史第四百號全壘打，同時更締造單一球員連五季敲出滿貫全壘打的中職新紀錄。

接著——

三月十四日，對上金剛，從投手葉賢文手中敲出中外野的陽春炮，本季第三支，百轟倒數「M7」。

三月十六日，再對上金剛，從投手安智輝手中擊出本季第四支全壘打，百轟倒數「M6」。不過當下我心情沒有特別好，原因是回顧開季至今對上洋投都發揮欠佳，截至目前四發全壘打全是來自本土投手。

雖然我正在追逐全壘打紀錄，但我的攻擊策略依舊是設定在拉高打擊率為主。畢竟，我不能憑一己之私而忽略團隊作戰的重要；有了好的團隊成績、有貢獻的打席，我才能以較輕鬆的心情來追求長打。有鑑於此，我特別在意面對洋投時的表現；心想要是之後愈來愈多投手隨著比賽場次增加狀況回溫，我碰到洋投又無法突破，狀況就會變得複雜了。

幸好，三月二十六日，第五號全壘打出爐，且這次是從兄弟日籍投手今井圭吾手中敲出，百轟倒數「M5」。

進入四月，我的狀況有所下滑；不僅全壘打難產，連安打也「便祕」。我自評是受到失眠所苦，因為那陣子我開始感受到一些壓力。

好在四月中開始，有拉回一點感覺——

四月十日，碰上誠泰，對決洋投麥克（Michael Marchesano）時敲出本季第六轟，百轟倒數「M4」。

四月十七日，遭遇金剛，對決洋投畢可（Greg Bicknell）時敲出本季第七轟，百轟倒數「M3」。

這時球團正式推出百轟達陣的預測活動，大家開始把焦點聚焦在我何時達成之上。

四月二十日，本季八號、生涯第九十八支全壘打出爐，挨轟的苦手是金剛隊的李風華。說起來，這球算我賺到、算他倒楣，因為我沒有確實咬中球心，揮棒還慢了一點，但偏偏該場比賽是在當時臺灣的「打者天堂」——臺中棒球場，小白球輕而易舉地跨過大牆；如果換成其他地方，肯定是掉在警戒區或撞上全壘打牆而已。

有點得意忘形的我，該場比賽最後一次打擊時，本來想把握這座球場再趕一下進度，結果我把投手暗算的連續兩球變化球當直球攻擊，接連揮了兩次大空棒，站都站不穩，球迷們都看得笑出聲；最後第三球一樣是暗箭一發，一記偏高的「high fastball」，我再度忍不住上當，把自己搞得好糗。而這一次見獵心喜，也算是拉開「M2」後心理紊亂的序幕。

不管你有沒有打球，這邊有份很重要的經驗要分享給你，就是——

「心理素質」的考驗，

不只是檢視你如何應變「看得見」的影響。

「有沒有能力察覺正悄悄被動搖的心思意念？」

「適時替愈走愈歪的行為踩住煞車！」

更為重要。

「M2」之後記者常問我：「何時能達成百轟？」

我通常回答：「沒有預設日期，也沒有想太多，就是照著現在的節奏去打就好，該出現的時候自然就會出現。」

殊不知——潛意識裡的我，比理性上以為的更著急。

隔幾天的比賽，四月二十四日，我在四打數中勉強擠出一支安打，全壘打未開張。再隔兩日，四月二十六日，面對兄弟王牌級洋投風神（Jonathan Hurst），二局下我逮中一好三壞後為了搶好球的滑球（風神有點失投），扛出中外野方向的兩分打點全壘打，本季第九轟，生涯百轟「聽牌」！

說真的，當下全場歡呼之際，我卻是鬆了一口氣……

因為，如前面說的——

「M2」之後，我受影響了。

那幾日，我竟然緊張到睡不著，練習無法集中精神，打擊姿勢也跟著走樣。要不是時任興農牛總教練陳威成看到我的問題，不斷開導我，分享「百轟只是整段生涯的其中一項履歷，而不是全部」，希望我要學會用平常心去看待，不必給自己過多壓力。我可能會一直糊塗下去，愈陷愈深。

「不要急，耐心選擇對自己有利的球再進攻——直到機會來臨時，篤定揮擊，相信自己！」

繞著三個壘包、準備帶回生涯第九十九轟的過程，不斷在心裡複誦著威總的耳提面命。

「只差一支了，步步為營，別再重蹈覆轍了！」踩回本壘時我對自己說。

我們這邊插個話齁！

緩和緊張的氣氛一下啦！

如果說，職業運動經常以「三連霸」做為一個王朝指標，代表團隊經營、教練功力及球員戰力達到「統治級」的水準。那麼，回顧中華職棒歷史，僅有兄弟、味全、統一及後來的桃猿達成過。

二〇〇三年，除了本段開頭已提到因兩聯盟合併帶來新氣象，已在二〇〇一年和二〇〇二年完成二連霸的兄弟象隊，也正以挑戰「二度」三連霸的姿態強勢席捲聯盟。

永遠不缺話題的職業賽事，為了使當年的比賽更具可看性。隨著我終於在興農打出符合期待的水準，媒體們紛紛替以我、東哥和阿讓為首的中心打線冠上「興農三番刀」封號，企圖叫陣兄弟軍團的「黃金三劍客」。

被稱為「三番刀」，不外乎是我們三個都是原住民。東哥和阿讓來自赫赫有名的花蓮太巴塱部落，兩人都是阿美族戰士；我則是來自臺東東河鄉泰源村，也是一位驕傲的「Amis」。

然而——「番」這個字。

不管是更重視族群平等的現代，還是開始萌芽維護原住民族文化的當時，都成為相當敏感的詞。

我很開心因為棒球，讓臺灣原住民有個嶄露天賦的舞臺。但我們都是臺灣的一分子，不論閩南、客家、外省、原住民，還是「新住民」，彼此都在這片土地上一塊呼吸、生活。我不喜歡以「弱勢族群」來指稱任何對象或介紹自己，更不會因此以惡意的方式打攪對方。因為，不見得是族群之別，我們都有可能受生活地區、社經地位、所得資源差異之影響，而遇到不同問題，所以學習尊重、學會自信是很重要的！

我不介意你因「三番刀」而認識我，相反的，那是我的榮幸！

但我希望所有人都能夠珍惜、重視多元族群，期許自己在不一樣的文化、經驗中，獲得開拓視野的體驗和智慧。

不曉得你會不會很驚豔一件事……

「哇賽！泰山！你記憶力也太好了吧？完全不像你常說的『記性不好』啊！每支全壘打的誕生日期、出自於誰都記得一清二楚！」

不過，事情是這樣子的齁！

有可能我只記得這最關鍵的幾支呀！

又或者——

現在電腦、手機這麼方便，只要有個印象線索，稍微查一下就辦得到嘛！

回到全壘打日記中——

二〇〇三年四月二十九日。

還未落實屬地主義和經營自家主場的那個年代，興農牛隊與統一獅隊將在新莊棒球場展開聯盟編號八十一場次的上半季例行賽。

當天統一派出本土王牌「嘟嘟」潘威倫掛帥先發，要知道，當時年僅二十一歲的嘟嘟雖然是職棒新生，卻是很可怕的存在！動輒時速一百五十公里以上的速球，搭配流暢的投球動作、手術刀般的精準控制力，在場上根本是頭長相可愛的怪物！（生涯第一年便貢獻一六六．一局、投出一百零四次三振、收下十三勝、防禦率僅二．四三）

嘟嘟是我美和的學弟，身為學長的我不想漏氣，他當然也不甘示弱。

我們一局上就捉對廝殺，他先投到一好三壞，再以高角度臨界好壞球邊緣的直球給予我考驗；一向對高球掌握度很好的我，不想被保送，更不想被主審主宰命運，於是果斷出棒後卻失打成二壘方向的高飛球。

ROUND 1——他贏。

四局上我們又見面，這次他同樣以犀利控球做為武器，將直球塞在內角高、同樣好壞球參半的位置。「臭小鬼！又來這招！」我球棒一帶，打成右外野方向的一壘安打，「唉！可惜了！我想敲他全壘打啊！」

ROUND 2——扯平。我小贏，他也不算輸。

第六局上彼此再對決，有別於先前的狀況，當時球隊處於兩分落後，不過一壘有人且無人出局。身為中心棒次的我，當下背負的期待當然是「打回分數」大於「上壘」，於是我告訴自己：「後面還有東哥，他們現在肯定不會太閃躲，全力攻擊就對了！」

對決第一球——

外角偏低的壞球——

我沒有出棒。

對決第二球——

外角偏高的壞球——

這次我打了。

「有了。」我踏起確信步，篤定小白球即將背叛嘟嘟。

「怎麼可能。」嘟嘟撇頭看著小白球，不可置信自己面臨叛變。

這球打成了右外野方向的高飛球——

右外野——

一**百轟**！

張泰山達成個人職棒生涯第一百支的全壘打！

就在球迷的歡呼期待聲中！一百轟達成！

主播徐展元用極具辨識度和嘹亮的聲調，將這一刻播送至各地期待紀錄達成的球迷視聽中。

〈以弗所書〉四章二十九節

很幸運！二〇〇三年四月二十九日那場牛、獅大戰，最終興農牛在延長賽以八：二擊退統一獅隊，而我獲選為該場ＭＶＰ。在這個別具意義的比賽後，我格外珍惜能透過記者聯訪親口致謝兩位對我無比重要的女人——媽媽和靜宜。

我的媽媽在二〇〇一年安息主懷了。

所以，她沒機會親眼見證那位曾經被她鎖在房裡不准打球的孩子，長大後進了職棒達成生涯百轟。

天使會告訴她吧？

欸——還沒有的話——就——拜託一下嘛！

她一定會很開心地拉著天使的手又唱又跳！

你知道我是怎麼說服我媽讓我打球的嗎？

我對她說：「**妳讓我打球！我讓妳驕傲！我一定會拿很多獎盃回來證明自己！**」

還好！我很努力，也很爭氣！

我可以大方投入校隊練習後，表現開始突飛猛進。還記得我人生的第一個獎盃是「美技獎」，說來好笑，那是一次接球過程不慎踩到褲管跌倒，結果球剛好不偏不倚掉到我的手套中，我只好逢場作戲演完那齣「Nice Play」。

可能阿爸天父也有幫點忙吧！總之，媽媽從原先反對我打球，漸漸變成我的死忠球迷；只要她有空，就會來看我練球與比賽。雖然她不愛講話，又或者說她講話時鄰座的人不見得都聽得懂（媽媽生於日治時期，從小接受到有限的教育都說日語，所以她只會講一點日文和阿美族母語，不會講國語），也不太會在看臺上吶喊、加油。但我很喜歡她來球場看我，成為我的比賽動力和精神支柱。

i na ma o lah ka ko i ti su wan!（阿美族語：媽媽我愛妳！）

✦

說起來，有點小小遺憾。這兩位影響我最深的女人，一位是「見不到」我站上里程碑；一位是「沒見到」我完成難得紀錄的當下。

怪我自己吧！

還記得那時我和靜宜正在冷戰……

因為我對她說了不該說的話……

導致幾乎場場前來球場支持我、聲援我的她，偏偏錯過這場比賽。

為了挽回女神的芳心，我特地對著攝影鏡頭公器私用，在全國直播下大聲說出：「老婆，我愛妳！」

在那之後，我經常把《聖經》中〈以弗所書〉第四章二十九節的話語，做為對自己的提醒——

一句壞話也不可出口，卻要適當地說造就人的好話，使聽見的人得益處。（《聖經新譯本》）

不久後還透過東哥的口得到見證。

東哥看著我完成百轟紀錄後，接著準備挑戰已「M4」的生涯百盜目標；索性在同年七月三十一日於臺南球場的比賽前，特別來找我——

你知道「二十－二十」嗎？

就是同時在單季達成二十支全壘打與二十次盜壘的雙紀錄。

我很早之前就留意到這項壯舉在國內還沒有人達成，所以一直把它放在心中，默默成為我每季的努力目標。

只是——至今我也還沒達成吶！

以後——大概也沒什麼機會了，歲月不饒人啊！

我看你現在都差一點嘛！

既然你有企圖心，也有能力寫紀錄，那我建議你，別只跟在別人後頭，做那些別人已經做到的事！

「要做，就做第一人！」

我明白東哥在暗示我什麼，更謝謝他願意傳承心志給我、鼓勵我去寫下新篇章。

眼看當時我已累積：全壘打十九支、盜壘成功十二次。心想：

離球季結束大概還有三個月，扣掉全壘打，還要跑出八次盜壘……

嗯！不是沒機會！

當場就決心承接東哥交託的棒子，以「二十－二十」做為年度封關目標！

原本達成生涯百盜這項目標在我心中並不著急，就是有機會、對球隊有幫助就去做，自然而然達標。因為「盜壘」這項技術存在很多風險，選手容易在攻防過程中受傷，也可能造成球隊損失珍貴的壘間跑者優勢；加上我本來就覺得比起打全壘打，當時還年輕又具備腳程的我，完成百盜是遲早的事；所以，一直沒有為此感到太大壓力。

只不過，當新目標降臨後，「M4」一下翻倍到「M8」且本季要達成，我才深刻領悟東哥說的「二十－二十」有多麼不容易……

想著想著，一些原先不足為奇的事，漸漸變得複雜起來。

光說「盜壘時機」就學問多多！舉凡──

投手牽制能力、

投手投球節奏快慢、

捕手接球換手時間差、

捕手阻殺臂力、

當下是否有團隊戰術要配合、

贏太多不能跑的潛規則、

……

翻閱紀錄，我的前一次盜壘成功是在一個月前，六月二十九日。七月間要不是失敗，就是配合球隊戰術或臨界跑不得的潛規則邊緣。

可是，頂尖運動員就是要有「從失敗中記取教訓，但不深陷其中」的能耐。承襲東哥的意志後，我當天比賽就決心發動快腿攻勢。把握兩次安打機會後，我分別完成一次盜三壘和盜二壘的紀錄；還有一次被敬遠保送後我也跑，但那次被捕手阻殺在二壘之前。

生涯紀錄「M2」；新目標「M6」。

接下來盜壘行動停滯一段時間，直到八月八日在新竹對上兄弟象隊，我才在七局上推進一碼，使生涯百盜聽牌；新目標降至「M5」。

只是，那場比賽沒有人會把焦點放在壘上的我……

當天比賽氣氛十分火爆，陣中王牌勇壯（Osvaldo Martínez）在幾乎局局掉分的情況下，四局上兩出局時，竟然氣到理智線斷裂，朝當天已獲得兩次保送的「恰恰」彭政閔祭出球吻，引起雙方衝上場中央對峙。群情激憤的象迷為了聲援恰恰，開始朝場內丟擲水瓶洩憤。接著，象隊打者李志傑面對接手殘局的何紀賢，不僅無情掃出一記左外野方向的三分炮，快跑回本壘時還秀了後空翻絕技。這下又引來牛迷不滿，紛紛把手上雜物往場內丟。所幸，雙方球員未再出現衝突。

有了新動力加持，我的百盜記錄很快在六天後達陣！

那天是八月十四日，興農在臺中主場遭遇第一金剛的比賽，一局下我被保送後就下定決心要衝！

感謝主！

我逮到絕佳的起跑時機，達成中職史上第七位完成生涯百盜，但卻是第一位同時具備「百轟」、「百盜」紀錄的球員。

我興奮地振臂歡呼，在聯盟同意下，拔起二壘壘包並高高舉起。聯盟工作人員還趕緊請場邊工讀生換上新壘包，把原本的壘包讓我帶回紀念。更令我感動的是，興農球團利用五局結束整理場地的時間，巧妙安排一百名球迷進場和我分享「百盜」喜悅，其中，還安插靜宜擔任神祕來賓。

儘管我已經有一項「史上第一人」的頭銜，仍不忘東哥當初那句要造就我的鼓勵：「要做，就做第一人！」我認為，要達成這項男子漢間的約定，最好的方式就是替東哥完成「二十－二十」的心願；我要在他退休前，讓他以隊友身分一起參與這一刻！

話雖如此。

原本最篤定先達標的全壘打產量，自從七月十六日擊出第十九發後，已經停產快一個月、橫跨十餘場比賽了。直到八月二十三日，對弈統一獅洋投保樂（José Parra），四局下我才擊出睽違五週以上的全壘打；當時我回到本壘還刻意用力踩踏一下，宣示自己挑戰「二十－二十」的決心。但賽後我並不特別高興，因為……那也是興農全場唯一的一分……終場我們一：二輸球。

之後又過了快一個月。

眼見季賽只剩下四場，我離「二十盜」還差最後一步。

雖然我在八月十四日完成百盜那天只差四次就達標「二十盜」，豈料，我後面整整一個多月面臨低潮。可能是疲勞、可能是被重兵看守，總之，就是無法如願靠腳程攻下二十七．四三公尺外的堡壘。

不得不說，這段延宕的時間開始讓我著急了。即便還有四場比賽，我還是很擔心一個萬一（例如受傷或上不了壘），所有的努力就功虧一簣了……

九月三十日，球隊開拔到嘉義市球場出戰中信鯨隊。二局上我就靠棒子先站上一壘壘包，但當天中信鯨先發投手是左投謝承勳，這不是一個很好的搶攻壘包對象。正當我還在猶豫是否要起跑之際，隊友就打出雙殺打，直接被沒收盜壘機會。

四局上我又站上打擊區，這回是敲出一支帶有打點的二壘安打，再次站上壘包。

但當下又是一門很特別的盜壘學問——

站在捕手的角度，三壘比二壘近，所以長傳阻殺把握度和時間差來說，會比傳二壘容易。

可是，對「左投」來說，要看管二壘跑者就比較吃力了。因為左投準備時是面向一壘側，可以輕易洞察跑者的離壘距離；但一旦跑者上到二壘，加上離壘距離，對左投來說就不容易觀察到跑者的意圖。

「跟他拚了啦！」我嚥下原本卡在喉嚨的豹膽，算好起跑時機後就拔腿狂奔。

十公尺——

五公尺——

隨著我離三壘壘包愈來愈近，我心裡想的卻是：「怎麼短短二十幾公尺要跑這麼久還沒到……」

接著……一陣炎紅沙塵揚起……

「SAFE! SAFE!」三壘審激動地重複攤開雙臂大喊著。

感謝主！我真的做到中職史上第一位完成「二十－二十」的本土球員了！相信這一刻會讓很多球迷及後輩知道——臺灣球員不一定比洋將差！很多外國人辦得到的事，只要你願意打破迷信、撕毀天賦理論，給自己目標去做，不是不可能！

當然！也要謝謝東哥。因為你的一句話，使我更加超越當年已經立下許多紀錄的自己。

另一個角度的〇四到〇六

大家好！我是靜宜！

既然泰山曾經在比賽場上驚喜地客串捕手。

那麼，這次就換我粉墨登場一下！

雖然我們家泰山話很多，聊天時又經常離題。不過這次在整理他個人故事的過程中，不只有邏輯清晰許多，也慢慢勾起許多過往不太留心的點點滴滴。

很多話由他來說，可能有點害臊；或者，他不覺得那有什麼好講的。但對於一直在他身旁的我，卻很想讓關心他的球迷知道——

球場外的他有過多少努力、多少改變，使他成為今天的他。

所以我想藉由這個機會，說說另一面的泰山。

二〇〇三年，泰山獲得職棒十四年年度MVP，在頒獎典禮上，我以激動的情緒說出：**「泰山在球場上的拚勁，你們都看得到；但他私下的努力，只有我知道。」**這是我對泰山的棒球態度所做的詮釋。

也許是我寵壞了他，讓他像個生活白痴，燈泡怎麼換、洗衣精加多少都搞不清楚，但只要進入棒球領域，他就百分之百投入、堅持到底。即便經歷大、小傷痛，甚至雙腳大腿肌肉因拉傷、斷裂而萎縮、凹陷，他仍努力向前、永不放棄。

相信在很多喜愛泰山的球迷印象中，會將二〇〇三年～二〇〇六年視為泰山的巔峰時刻。除了他已分享過的二〇〇三年，二〇〇四年、二〇〇五年這兩年他與興農隊友們為著彼此的諾言，讓興農牛隊及所有牛迷品嘗到「二連霸」的驕傲滋味；二〇〇六年則和金鋒攜手上演為期一年的全壘打王爭霸戰。

有句話是這樣說的：「成熟不過是個性被磨去了稜角，變得世故而圓滑。」而在那些年間適逢二十七歲～三十歲的泰山，同時是職業棒球員及社會青年最有活力、蛻變成熟的階段；但他的個性依舊，也沒變得世故（所以我經常被他氣個半死，完全不像個對稱年紀的大人，反而怎麼看都是那位在球場裡無憂無慮的頑童），但——他不再像過去那樣，總是將挫折或委屈帶回家，再很用力地對待自己。

這樣看來，他的成熟，應該是開始懂得對自己圓滑一點、不再苛刻了。

要說他的改變，我認為，二〇〇五年是很重要的一年。

那年——他重拾曾經被他大大唾棄的書本，重新走回校園。

過去的他，總是嘲諷著：「念書、念書，愈念愈『輸』。」所以對讀書這件事始終敬謝不敏。但他在那一年毅然決然報考國立臺灣體育學院（二〇一一年改制為國立臺灣體育運動大學），讓手中捧握的終於不再只是球具，而是有了書香氣息的書卷。

那陣子他成天感謝「OH桑」王貞治，不曾有過和大前輩深交的泰山，因為寫作業之故，透過「文字的力量」與世界全壘打王神會。泰山透過讀OH桑的自傳，品味他的心思意念及面對比賽的態度，學到了「凡事強求不得」的美學。（謝謝大前輩，這件事我曾經怎麼勸他都沒用。）

「**要積極，但不能著急**」是泰山的讀後心得。他提到OH桑總是聚心會神在「當下」，不會好高騖遠地給自己設立難以企及的目標；縱使他是世界全壘打王，也不曾因為「想拚全壘打」把自己搞得患得患失。

攀上巨人肩膀上的泰山，開始眺望起日本野球文化。幾次和日本隊比賽的機會中，他仔細觀察日本球員如何面對比賽、如何把技術做到細膩，以及解讀何謂「訓練即是比賽的一環」。但他沒因此崇洋媚外，而是把自己的所見所聞帶到訓練、比賽場上；留下原本的優點、修剪過去的毛躁。

在泰山的棒球字典裡——「團隊」與「隊友」始終是他最在乎的事。雖然他很幸運地能追逐、建立屬於自己的成就標竿，但他始終把團隊勝負及隊友的心情擺在第一位。

他喜歡贏球、喜歡熱鬧。二〇〇六年，他甚至把野心擴及到全聯盟，希望與金鋒競逐的全壘打王之爭，炒熱「本土最強打者vs.旅外最強打者」話題，藉此帶動另一波棒球迷回巢。或許因為自己更「成熟」了，也或許有了更遠大的目標，那一年的泰山很享受比賽。他拋下過往的競爭心態，帶著自信揮擊，也欣賞「鋒炮」的魅力。

有一次，泰山用十分平靜的口吻向記者說——

「其實我的想法很單純，身為一個棒球選手，就是從自己做起。我沒有能力去改變大環境，但我不斷改變自己；激勵自己在每一場比賽都要卯足全力。我要求自己要以身作則，成為年輕選手的模範；帶著後輩讓國內打職棒的球員能再次獲得大家肯定，更期待球迷願意踴躍進場為我們加油。」

我後來才想到，泰山幾乎參與了中華職棒最灰暗的那幾件大事紀；從一九九六年踏入聯盟那一刻，直到步步邁向生涯巔峰，始終被籠罩在一段揮之不去的陰霾中。但即便如此，泰山仍不忘初衷，努力為棒球付出一切。就像他對記者說的，他選擇讓自己承擔更大的責任，希望讓「愛棒球」的人不再失望；期待透過自己「做點什麼」，來為扭轉頹勢盡一份心力。

對於棒球，泰山總是積極貢獻心力，這是我最佩服與欣賞他的地方，當然就不在意他是生活白痴這檔事了（笑）。

謝謝支持泰山及一路愛著他至今的球迷，關於泰山的精采故事還有很多，礙於篇幅，大概有很多你們依然印象深刻的點沒有被收錄到。

但，謝謝你們依然記得。

泰山還沒有從球場退休，即便很多原本掛著他大名的紀錄已經替換上其他更優秀的名字。他依然每天開開心心地去球場工作、教學，繼續用他的方式，守護你我最愛的這項運動。

國手夢，降落

無論如何。

有一件事，我肯定要大大謝謝興農牛。

這支球隊幾乎擁有我生涯巔峰的所有精華，好多照片、影片及球迷的記憶，都是我穿著胸前印著斗大「興農」字樣的球衣。甚至，千禧年後才加入中職大家庭的球迷朋友，可能還會以為我是血統純正的「牛將」。

正因我在興農大放異彩——

曾經幾乎與我絕緣的「國手夢」，自從一九九八年曼谷亞運後，逐漸成為我職棒賽季以外的重要篇章。

我打球生涯第一次當國手，是在美和念國三那年。

一九九一年第三屆IBAF世界青少棒錦標賽由澳洲墨爾本主辦，共有中華、日本、南韓、巴西與澳洲五隊參加。這是我第一次穿上國家隊球衣、第一次搭飛機出國、第一次看到外國球員、第一次和外國球隊比賽；所有事對我來說都是新鮮事，使我格外珍惜那次機會。

只不過，我幾乎記得所有初體驗，偏偏想不起重點——比賽過程……只記得我們最後在冠軍戰以九：七擊敗日本，寫下隊史首次於該賽事奪冠的紀錄。

既然比賽記憶已遠走他鄉，不如就回顧一下場邊花絮吧！

第一次出國的我，以為全世界的天氣都和臺灣一樣。出發前，我自以為聰明地核對當時月分，知道澳洲在南半球，季節和臺灣相反。所以推算澳洲氣候應該是像炎熱的夏天後，我一件長袖都沒帶就跟著大家出發。

沒想到——

到了當地，日照下熱是熱，但氣溫隨著日出日落也宛如經歷四季變化。溫差之大害我都掛著鼻水比賽，最後還得靠當地善心華僑幫忙買長袖衣物禦寒……

另一件印象深刻的事。

那次比賽，選手們不是住在飯店，而是兩兩一組，分配在不同的寄宿家庭。還記得我和當時來自鹿野國中的謝克強一起，來到寄宿家庭後，完全無法用語言和家庭成員溝通，成天比手畫腳，惹來不少笑話。

不過寄宿家庭的成員對我們很好，還帶我們去參加派對。每次中華隊國手們聚在一起時，討論最多的就是參加了什麼聚會，還有寄宿家庭裡有沒有漂亮姊姊……

國中男生嘛！湊在一起聊這個很正常吧？我們國小都在玩告白密碼了！哈！

在我的寄宿家庭中就有一位身材高䠷的姊姊，謝克強對她十分愛慕。一天晚上，他說要去她房間找對方聊天；我認為不妥，堅持不去。最後他就索性獨自前去敲門。

結果——

過了一個多小時還沒見他回房間。

心想該不會發生了什麼事……

想著想著，他就回來了。

我急忙好奇地問他：「你又不會講英文，到底都在聊什麼？」

他無奈地說：「姊姊抱著地球儀，開始找臺灣在哪裡、澳洲在哪裡。我猜的啦！我們語言又不通！我就聽她大概在算距離有多遠，然後又找其他國家，就這樣過了一個多小時……」

我聽聞之後，忍不住哈哈大笑！以為他是碰到豔遇，結果卻是乖乖在上地理課！

✦

聊到千禧年。

我們先翻轉一下時間軸，從上一篇提及的二〇〇三年倒回至二〇〇一年。

在全球安然度過「Y2K千禧蟲」危機後的一年，國內也發生一件大事，堪稱替垂死的中職及日漸衰亡的棒運進行一次救命的心肺復甦。

那年，臺灣舉辦了第三十四屆世界盃棒球錦標賽。棒協號召幾位旅外的扛壩子返臺加入中華隊，如：陳大豐、陳金鋒、許銘傑，搭配國內職棒及業餘各隊精兵支援，企圖讓棒球在臺灣再次偉大。

這是我最感光榮的中華隊經驗之一，另一次則是二〇〇三年的亞錦賽。

然而，該次集訓期間我卻是悲喜交加。罹患食道癌末期的媽媽，在十月八日蒙主恩召，享壽六十六歲。當時我正在高雄左訓中心參與中華隊集訓（現已改制為行政法人國家運動訓練中心），大姊突然打電話來要我趕快回臺北，雖然電話裡沒多說什麼，但我心裡清楚肯定是媽媽的事；當場我就掉下眼淚，隨即請假搭機北返。待我趕到醫院，媽媽已經嚥下最後一口氣；身為她最疼的小兒子，我卻沒能趕上見她最後一面。

為人體貼又善解人意的大姊，為了不讓我掛心太久，也曉得當時中華隊尚未進行最終名單決選。她一心希望我趕快歸隊、趕快訓練、趕快為國爭光，用我最擅長的方式，送給同樣愛棒球的媽媽一份備感驕傲的禮物。

媽媽一離開，她壓根沒有時間悲傷，甚至還將哭得一塌糊塗的我趕出病房，避免打擾到臨床的病人（她就是這麼體貼）；隨即聯絡還在臺東的大哥，請他盡快找到適合安葬的墓地。三天後，我們就辦完媽媽的後事，我也即刻被大姊趕回高雄向球隊報到。

回到球隊後，我盡力收拾悲傷的情緒，或者將這份感受化作努力的根據。還好皇天不負苦心人，最終我如願拚進中華隊；搭上這波盛事列車。

這屆比賽有很多指標意義。

首先，這是國內首度承辦國際大型棒球賽事；為期十二天、橫跨四縣市、共十五隊外隊參加。更將世界列強的棒球強度、文化引進國內，讓國內球迷有幸親睹各式各樣的棒球風采。

再者，這次的比賽創造出多位新世代棒球英雄，如當時還在小聯盟打拚的陳金鋒，可以說就是在這屆比賽開始大鳴大放——相信許多球迷還記得他在銅牌戰二度「鋒炮炸裂」包辦全場三分打點，助中華隊以三：〇力克日本，留下銅牌。而除了金鋒以外，包含我（當然要有自信的自我介紹一下啊），還有許許多多耳熟能詳的名字，逐漸成為當代的國家隊主力及職棒看板球星。

對我個人來說，印象最深刻的比賽，莫過於與未來的隊友——「阿甘」蔡仲南——擶手擊退荷蘭艦隊。

十一月十六日，新莊棒球場擁入一萬五千名熱血球迷。滿場的盛況已是當時少見的榮景，更別說全場觀眾同心為同一支球隊加油，氣勢真的很嚇人。當天比賽由阿甘主投，年僅二十二歲的他，面對一票外籍重炮仍毫無畏懼；主投八局中，前七局為「無安打」比賽，直到八局上一人出局後，才被擊出第一支安打，全場共飆出十三次三振！

而我是在五局下為中華隊首開紀錄，當時為兩好三壞滿球數，我心想在這種短兵相接的比賽，沒有投手會冒被判壞球的風險使用引誘球，加上我對他們來說肯定不是主要情蒐對象。於是我打定主意鎖定投手搶好球的心態，下一球就要全力攻擊！

果然！直球來了！還傻傻地往我鎖定的熱區飛來！

「歡迎光臨福爾摩沙嘍！」

我狠下心猛烈拉打，只見球兒飛速地直擊左外野觀眾席後的護網，這是一支超大號全壘打！全場氣氛瞬間沸騰！我也興奮地振臂狂奔。

跑著跑著，我突然想起已經在天上的媽媽——

「媽媽，我把這顆球打上天了，妳有接到嗎？我會繼續努力打球，喜歡看棒球的妳也要繼續為我加油喔！」

我雙腳踏回本壘時心中默默許願著。

二〇〇一年的這次國手履歷，我再次見到國人對棒球的熱情。記得當時中華隊巴士所到之處，總是有大票球迷夾道歡迎；還有不少騎著機車緊緊跟隨的熱血人士。近兩週的賽事讓全臺灣陷入瘋狂，成為名符其實的「開心棒球島」，也讓我們這些土生土長的棒球員感動著：「國球，回來了！」

另外，我還有另一項收穫！

就是我在大豐前輩身上，看見怎麼當好安定軍心的老大哥風範！

有在收看日本職棒的球迷肯定知道，大豐前輩可是在日職名聞遐邇的名將；但他在隊上接待我們這些小毛頭時，卻是如此平易近人，完全沒有大牌球星氣勢凌人的傲氣。他經常鼓勵我們，有別刻板印象中一板一眼的日式野球風格，總是在我們打不好、守不好、投不好時溫柔地帶領我們。

由於我倆在巴士上經常坐在一起，很快就成為無話不談的「麻吉兄弟」。他常會調侃自己的「髮型」，還多次拉攏我說：「你和我都頂上無毛，要不要我們就成立一個『禿頭協會』；我當會長，你當副會長。」

就這樣，我們成為帶給中華隊無數歡樂的「Head Light」二人組！

可洛米分

談到印象最深的國手經驗，除了二〇〇一年臺北世界盃，肯定也忘不了二〇〇八年北京奧運。

而且，完全是截然不同的心境……

二〇〇八年八月十二日——
是我棒球生涯最搖搖欲墜的一日。
這一天既漫長又難熬，也是我最痛恨身為公眾人物的一刻。

走過一九九八年首嘗成棒國手滋味的曼谷亞運；二〇〇一年喚醒全臺棒球魂的臺北世界盃；二〇〇三年「又是高志綱」驚心動魄闖入雅典奧運的札幌亞錦賽；二〇〇四年星光熠熠卻總差臨門一腳的雅典奧運；二〇〇六年靠著智勝「致勝打」奪下成棒重大國際賽首金的杜哈亞運；二〇〇七年的雙料世錦和亞錦國手資歷。理當，二〇〇八年是輪到我在關鍵時刻發揮老大哥價值的時候了。

為此，我也早已摩拳擦掌、蓄勢待發。

十二日上午，我和中華隊戰友們正在北京奧運的五棵松棒球場進行最後訓練，全隊士氣高昂準備迎接隔日與荷蘭隊的首戰。當時已知二〇一二年倫敦奧運沒有棒球項目，除了全力為國拚下一面獎牌的期許，大家更想好好珍惜這眼下的末代奧運棒球舞臺。（很可惜二〇二〇年東京奧運終於復辦棒球項目，但代表隊在奧運資格賽期間，因疫情考量忍痛棄權……）

結束練習後，原本我還和隊友在回選手村的路上談笑風生，豈料，一到選手村沒多久，中華奧會團本部的工作同仁就來找我，告知我禁藥檢查未過必須停賽的消息……

「什麼！藥檢未過?!怎麼會？」這青天霹靂的消息來得突然，我頓時陷入恐慌、難過，甚至無助到掉下眼淚，還是搞不清楚到底出了什麼事。

團本部同仁進一步說明，因為國際棒總在七月分由世界反禁藥組織（World Anti-Doping Agency，簡稱ＷＡＤＡ）派員到世界各地進行的隨機抽查中，我的藥檢結果呈陽性反應，隨即接獲指示要中華隊暫時停止我的所有出賽規劃。

我稍微回神之後想起靜宜，並於當天下午五點多打電話回臺灣給她。

我想——

除了她是我的精神支柱，需要在那時候聽聽她的聲音以外……

我更不想她在隔日的比賽不僅盼不到我的身影，還一直被蒙在鼓裡……

「靜宜——我那個——那個藥檢沒過啦……所以不能比賽了……」電話撥通後，我忍著情緒但無法提振精神，只能無奈地說著。

「什麼藥檢沒過？為什麼藥檢沒過？」她一直瘋狂追問著，顯然也無法接受這突如其來的壞消息……

會不會是——備孕過程服用的藥物？

這是我們夫妻倆百思不得其解後唯一的猜想。

我和靜宜結婚九年多了，彼此都很想要有孩子的我們卻一直無法成功受孕；已試過千方百計仍沒有下文的情況下，最終只能仰賴醫療科學來圓夢。靜宜做事向來非常謹慎，為了保護身為公眾人物和運動員的我，在整個療程中，不斷告知醫療團隊我之後還有為國出征的重責大任，在遵守禁藥規範和維持運動公平原則下，務必要確保我們的用藥安全。

結果——我們仍然栽在可洛米分（Clomiphene）下。

可洛米分是可同時用於治療男、女不孕症患者的藥品，我們是在二〇〇八年初於醫生處方下開始服用。記得當時醫生針對我們的禁藥顧慮還去查了文獻，確認這款藥不在禁藥範疇內，絕對沒有問題。

姑且不論禁藥品項是否會不定期更新（對一般人來說，包含非專科醫師，都太難去掌握這件事），其實我早在該年三月入選在臺舉辦的八搶三奧運資格賽時，靜宜就有提醒我要帶藥單去給左營訓練中心的隊醫看過。但——

我忘了。

只拿了藥丸過去……

可是，那段期間也有接受相關藥檢檢測，並未有任何異常通報。

就在這一連串陰錯陽差下，我打了奧運資格賽，也入選了最終的北京奧運成棒隊。但嚴謹的靜宜還是不放心，為確保一切萬無一失，在諮詢過醫生相關用藥的半衰期及對我們備孕過程的影響性後，仍說服我先暫停所有用藥，以避免任何影響奧運榮耀的風險。

於是我心想——

比賽是在八月十三日才登場，先前經過檢測也都沒事，加上醫生說明我所服藥物可在兩週內從身體完全代謝掉，所以我決定在七月初聽從靜宜的顧慮開始停藥。

沒想到——

早在七月二十七日就進行的藥檢，竟然拖到比賽前一日才通知沒過，殺得我和整個團隊措手不及……

兵敗北京

我不敢說因為自己的缺陣中華隊才發揮不如預期，但我願意概括承受禁賽處分帶給球隊的重大影響。

事發前，我得知自己原本被規劃排在先發打線的第五棒，結果不僅無法為國效力；還迫使中華隊只能以二十三人應戰，讓原本已限縮在二十四人的名單在調度上更加窘迫……

雖然事件來得突然，但中華代表團沒有亂了手腳。

精熟國際事務的同仁立即聯繫國際棒總請求再驗當時同時採檢的B瓶；結果B瓶的檢驗反應仍與A瓶相同，皆呈現陽性反應。隔沒多久消息再傳來，我所觸犯的品項「可洛米分」屬賽內、賽外都禁止使用的第一級禁藥，這意味我將不得再參與本屆奧運比賽，還得提前離開奧運選手村、返回臺灣……

但中華代表團仍不放棄，隨即為我申請聽證會，還要我通知靜宜盡快把我們的就醫紀錄和用藥的中、英文清單彙整起來，便於在聽證會上提出審議。

看著所有人為我忙進忙出，我又沮喪又懊惱——**我只是想要有個孩子，難道這樣錯了嗎？**——這念頭一度閃過我的腦海。可我沒時間自怨自艾，因為想起獨自在臺灣的靜宜，好擔心她無力招架輿論壓力，更擔心她會陷入自責的泥沼中無法自拔……

基於代表團建議，就算我知道靜宜現在有多難受，我還是得打電話回去請她整理相關資料。於是我再撥電話回臺灣，因為怕細節講不清楚，電話接通後，我就拿給身旁的工作人員協助交代。通話完畢後，我接回工作人員手上的電話，通話已掛斷；我無神的目光正好對上看著我的工作人員，他欲言又止地說：「泰山哥……你老婆在電話那頭哭了……」

我好難過——

這件事對我們夫妻倆的心理打擊好大、好大。

那段期間——

靜宜獨自背著「妳就是造成張泰山無法比賽的那位太太喔」這類質疑，但她從來沒有在電話上對我說。

聽到工作人員指示的事項後，她就趕到臺中與臺北曾去過的醫療院所準備資料，醫生一聽聞她的來意後，馬上就知道事態嚴重。其實，那時我被禁賽的事已成為轟動全臺的大新聞，幾乎所有知道靜宜身分的人，都想進一步了解到底發生什麼事，這讓她承受著難以形容的壓力。

白天忙著各處跑、整理資料，晚上自己回到住家後，就躺在床上大哭——

「生不出孩子就算了，還害泰山無法在奧運出賽，我無法原諒自己……」

聽說，岳母大人也忍不住念了靜宜；責備她為什麼偏要選在這麼重要的時刻嘗試受孕，結果鬧出這麼大的事……

這些都是我回到臺灣，過了好一陣子，才從靜宜和其他人口中得知的事……

二〇〇八年八月十七日，禁藥事件事發五天後。

由中華奧會人員與棒協國際組戴建帆組長陪同我出席整體事件的聽證會，會前我先透過代表團發表聲明，對傷害中華代表團聲譽及影響團隊戰力一事深感抱歉，也請求社會大眾原諒。

舉辦聽證會的飯店門口聚集大批中外媒體，閃光燈此起彼落卻怎麼樣也照不亮事件帶來的陰霾；按下連續快門發出的「嚓嚓」聲響，反倒更像是一種落井下石的訕笑。

相關人員帶著我們從後門避開人群上到頂樓的臨時會議室，我全程透過麥克風回答自律委員會的詢問，也詳實說明服用可洛米分的原委。報告過程中，建帆一度與中華奧會人員發生言語爭執，認為我在先前進行的藥檢都沒有出現任何預警，結果來到北京就出事，是否有什麼瑕疵或疏失。

當下我中斷表述急忙跳出來排解雙方衝突，直接向在場所有人表達：「都是我的錯！」這項錯誤責任不該由我以外的人來扛。

最終，在這場臨時聽證會中，我被暫時裁定是無心之過，後續還得由相關委員、組織討論後才會做出定奪；期間內我不會被即刻驅離選手村，但不能隨行球隊到球場從事相關訓練、比賽之規定照舊。

這也意味著，我原本滿心期待透過聽證會翻盤重新歸隊的希望幻滅，正式向這次奧運 say bye bye。

事後我聽協會人員轉述多方說法，其中一種是之前在臺灣進行的飛行藥檢，大多送到馬來西亞檢驗，但出事這次是送去日本；才導致檢測內容一樣，但結果卻大大不同的差異。

還有另一種說法，提到可洛米分是此次新列的禁藥品項，縱使這款藥品無法增進運動表現，甚至會造成表現下滑之反效果，但還是被禁藥組織基於其他考量列入國際奧會的禁藥項目中（根據禁藥法精神，不只是增進運動表現的藥物會被嚴格禁止，一些會影響公平性及長期服用會導致運動員身心產生額外負擔的藥物、食品，也會被嚴格管理）。

到底真相是什麼？怎麼會發生這種事？

對我來說——

我被禁賽……

靜宜受苦……

中華成棒隊折損戰力、陷入苦戰……

是什麼原因導致的，已不重要了。

時間往前回溯兩天，二〇〇八年八月十五日。

據說，這一天被舉國上下的棒球迷訂為「國恥日」。

什麼原因讓球迷如此憤慨？答案不難猜——中華隊在突破僵局制的十二局下半敗給中國隊。

過程細節就不說了……

眼看在十二局上一舉攻進四分，全隊眾志成城可望至少在延長賽中收下「必勝」戰果；殊不知，十二局下一夕風雲變色，讓中國隊把握兩出局後的一絲機會，反倒以八：七抽走我們已快收進口袋的勝利。

被迫只能關在選手村看比賽的我，除了自責與難過，什麼事情都幫不了。但在場上的隊友們，肯定比我更加難受。

想起這幾天，明明是全隊最資深，也最該負起重責大任的我，卻被迫只能待在選手村等著比賽結束歸來的隊友們。唯一能做的就是到每個人的房間去替他們加油打氣、道聲辛苦，但我知道，這根本於事無補……

再說到中國隊——

每位在臺灣長大的棒球員，沒有人不知道「打贏中國」的指標意義。

除了歷史緣故，棒球，算是我們過往少數能與世界大國力搏的主流運動。日本要贏、韓國要贏、美國要贏、古巴要贏、中國不能輸……諸如此類的全國期待，經常是臺灣棒球員站上國際舞臺時先矮人一截的心頭之重。但我們從不推卸，因為我們也是最受到祝福與矚目的一群人。

我偶爾會在選手村遇到中國隊球員，雖然彼此在場上是敵人，但下了場，因為國際賽上經常碰頭，一回生、二回熟，大家早已成為沒有國界的朋友。過去他們一見我總會拉開嗓門彼此虧來虧去，這次倒是有點收斂地轉為關心：「泰山兄，咋啦？怎麼會發生這種事勒？」我也只能尷尬以對或深表無奈。

我還記得——

輸給中國隊當晚，我打開蔣智賢的房門想去安慰他，只見他躲在棉被裡不斷哭泣，深深為著自己失誤造成球隊輸球而痛苦萬分。

當下我很難過，也能感同身受。

那幾日我覺得自己儼然掉入萬丈深淵，這輩子累積的球迷大概全都會離我而去，或反過來指責我的不是。

說實在的，那一次奧運棒球賽期拉開序幕後，球隊好像中邪般發生好多事，讓原本很是活潑的氣氛愈發低落；其中，除了我先被禁賽，金鋒後來也因腰傷復發被迫退出打線。一下少了我們兩支棒子，不僅對戰力有影響，對士氣無疑更是沉重打擊。

接下來幾日，我們連續以一分差含恨輸球，分別是〇：一敗給古巴；八：九輸給韓國。尤其對韓國那場比賽，幾乎就是這次賽會中華隊的縮影，我們開局就先失七分，第二局又被再下一城；整場比賽就在幾乎快被「扣倒」的逆勢下而行。

你說中華隊不想贏球嗎？

沒有任何鬥志與韌性嗎？

絕對不是！

我們一路窮追猛打，比賽來到六局結束已和高麗民族戰成八：八平手！

無奈下個半局再被對方越雷池一步奪走巨大的一分，便一路高歌到比賽結束了……

隔日，對戰世界強權美國，全隊將士用命下，我們先在五局上取得一：○領先，但最終仍以二比四吞下敗仗。預賽首戰告捷後連輸五場，注定無緣晉級當初的四強目標……

面對

八月二十日。

中華隊走到預賽最後一場比賽迎戰加拿大隊，除非未來奧運復辦棒球項目，我們再度順利闖入會內賽，否則，這絕對是中華隊於近代最後一場奧運比賽。

這一天，我顧不得這麼多了。

我決定去現場加油，親自在看臺上為我的隊友們出聲，不然也沒機會了……

「難道不會感到丟臉嗎？」我能理解這些質疑。但對我來說，我真的不是故意違規使用禁藥，更沒卑鄙到想藉此提升表現。

認真來說——我早就想到球場了。

我知道隊友們明白實情後，沒有人怪罪於我，我們的革命情感還在，他們也知道我好想和大家一起同甘共苦。不過我尊重協會人員的建議，希望不要因我的事引來的關注，不小心連累到場上奮戰的球隊，我才一直沒到球場，始終把自己囚禁在選手村房間內。

但以結果來看……就算說要指責我是頭號戰犯，我也願意一肩扛。

於是——

我決定回到球場，面對我該面對的目光。

當天比賽排在五棵松第二球場進行，那是我從未去過的場地，開賽前的練習，我們都在主球場。

我還是有顧慮到隊友們不該被打擾的考量，選擇開賽後才在朋友陪同下默默進場，坐在一壘看臺邊。但不出所料，再怎麼神神祕祕終究還是會被發現……

媒體似乎早已等不及了，顧不得比賽還在進行便圍著我發問，而我當下只聚焦在此行目的做回答：「今天是中華隊的最後一場比賽，我只是想來為隊友們加油；不論戰績好壞，我都要和他們在一起。」希望大家把關注焦點還給在場上拚戰的夥伴們。

親臨現場果然有別於隔著電視機收看，當下的臨場感，幾度讓我幻想著自己能代打上陣，站在打擊方框內與這些世界頂尖好手們同場較量。

一牆之隔的美夢——

如此靠近，又如此疏遠。

心情真的非文字能具體形容……

慶幸的是——

我親愛的隊友們這次不再抱憾而終。

智勝與林哲瑄兩度將白球掃出大牆，向世界宣告我們真的一點都不弱（這還是智勝本次賽會的第二發全壘打，上一戰對美國，他就已展現決心與能耐）；而在中國一戰成為全國箭靶的智賢，更打回這場比賽的勝利打點，親手將有毒的「鍋貼」*送給北美楓國人。

---

*網路用語，取「四海遊龍」諧音比喻「雖敗猶榮」這句敗仗後常用來安慰己方的話。

早早確定無緣複賽的中華隊，在預賽倒數幾天已排定好後續返國的行程。但二十一日一早，事務同仁臨時通知我盡快整理行李，晚間和偉殷先行返國；偉殷是因為要趕回日本歸隊復賽，至於我嘛——大概是協會體貼我，刻意錯開和大隊一起回來吧……

沒想到——千算萬算，還是躲不過消息靈通的媒體朋友；一群人在桃園機場等待我們返抵國門。眼見該面對的躲不掉，出關後我就先透過媒體再次向國人致歉——

「對不起。我只是想要一個孩子而已……我很早就停藥，但還是造成這次風波。不能替中華隊盡一份力，我感到很失落和難過，要再向大家說聲對不起……」我說。

我最在乎的人——靜宜已守候機場多時，準備接我回家。她早在我被媒體採訪前，就已先接受訪問，她提到事發那幾天心情很糟，但後來又發生一件大事——使她不得不勇敢挺住。

原來——

我們夫妻倆面對禁藥事件重創那幾日，我們都很在乎的家人，靜宜的姊姊也遇到人生的重要考驗。那幾天姊姊突然走路變得很不穩，靜宜陪她去醫院檢查，卻意外發現頭部長了腦瘤，必須盡快進行手術……

當下聽到這個結果，姊妹倆都癱坐在椅子上——姊姊的孩子還小，現在卻得面對攸關生死的殘酷事實……而靜宜除了忙著我們的事，現在又得挑起讓姊姊安心接受治療的重擔。

人生無常——苦難，或成為人展現生命價值最誠摯的時刻。

我和靜宜手牽著手，齊心面對媒體的鎂光燈聚焦。

那時——我因為自己的疏忽而對球隊、國人感到虧欠，但我絕不因此將所有責任推卸給靜宜、醫生或事件相關人員。我很坦然，我想要讓我們的家有機會迎來孩子的歡笑；我不羞愧，因為我從不會惡意冒犯背叛棒球的事。

我們從未去追究開立處方的醫生，更不會洩漏醫生資料使他受到波及。畢竟他致力在自己的專業上，試著幫助我們順利懷孕、生下孩子。而面對姊姊即將接受的大刀，更讓我們夫妻學會轉念，懂得要為自己所愛的人，堅定迎向挑戰的步伐。

我的寶貝

返臺後隔沒幾天。

二〇〇八年八月二十六日，國際棒球總會通知中華棒協，針對我禁藥風波的最終懲處結果為——禁賽一年。

這意味著我將從二〇〇八年八月十三日〇時算起，直到二〇〇九年八月十三日午夜之前，不得參加任何由國際棒總及中華棒協舉辦的比賽及活動，且禁賽期間，國際棒總隨時可對我進行追蹤藥檢。

判決報告中有提到，按原本相關規定，國際棒總最高可判處我禁賽兩年，惟考量到我所提供的資料和陳述，委員最終認定我符合反禁藥條款中「選手若能提供足夠的資料說明違反禁藥條例並非為增進運動表現時，禁賽時間至多可減免一半」，才做出禁賽一年的處分。

對此，我完全接受。

然後——我該重振一下回憶的步調，結束這沉悶的氣氛了！

經過這次事件，我和靜宜等於是被國際棒總認定是對超想「好好做人」的夫妻！

更有趣的是，各界朋友在此之後紛紛遞上關心與提供「做人成功」的建議。其中，來自新竹送子鳥生殖研究中心的賴興華醫生，透過樂團動力火車顏志琳的老婆連絡上我們，表示願意協助我們「重新做人」。

終於，二〇〇九年，我迎來了雙喜！

首先，令我灰頭土臉的禁藥事件完全告一段落，我結束了為期一年的國家隊球監。感謝主！

再者，這才是最重要的事！該年九月二十一日，我迎來期盼十年的寶貝孩子——可洛！

「可洛」是我和靜宜討論過後，決定將其成為寶貝兒子的大名，藉此紀念我們求子多年所經歷的故事；也想讓長大後的孩子知道，爸爸、媽媽願意為他勇敢地面對一切。而讓我們夫妻深感恩寵的是，二〇一一年，靜宜驚喜地自然懷上第二胎，並於同年十二月十五日生下女兒——可妮！

一「子」一「女」剛好湊成一組「好」字！

真的由衷感謝上帝對我們的眷顧！

話說回來——

身為張泰山的兒子，大概很難和棒球完全絕緣吧?!

可洛出生那一年，我還在興農打拚，但他比較有記憶的時候，我已在統一。可洛自幼為了替老爸加油，自然成為獅隊鐵粉；直到二〇一九年，龍軍重返中華職棒，我也重回味全懷抱，他的內心才改注入龍魂。

過去，「打棒球」是我從小到大最開心的事，更是我出社會後的唯一志業；現在，「棒球」又增添了過去我從沒想過的新篇章，成為我們親子間最棒的互動橋梁。

大概在可洛讀幼兒園時，每逢休兵日，只要想不到其他家庭活動（其實是累到不想出遠門……哈哈），我會和靜宜帶著可洛去棒球場玩耍、跑步、傳接球。通常兒子只要有老爸陪伴就會很開心，也不太會吵說很無聊；加上老婆覺得玩棒球是很好的活動，就樂見一家子連假日時光也在棒球場度過。

就在耳濡目染下，長大後的可洛提出他想加入球隊、成為棒球員，但一開始我和靜宜不想一下讓他「跳級」，建議他先參加社區棒球隊，利用假日時間跟著玩，一方面確立興趣，一方面兼顧基礎課業。

到了可洛升上小五時，他更明確立定志向就是要打球，這下我們夫妻倆才支持他報考體育班，最終順利通過考試，成為正式校隊的一員。

老實說，在可洛這條啟蒙棒球路上，我會採取事緩則圓的態度，和我的資歷有關。我在職棒打滾二十個年頭，想也知道頂著「泰山之子」名號參與球隊生活、比賽壓力會有多大。

這對孩子很不公平！

但沒辦法……我們的社會風氣就是如此。所以，我只能循序漸進地協助他走這條路。

為此，我為他找了師資和環境皆優的球隊——大勇國小少棒隊。記得有次可洛去比賽，半局間他表現得不是很好，別隊馬上就有知道他老爸是誰的家長在場邊碎念：「張泰山的兒子也不怎麼樣嘛！」

所幸貼心的教練團適時承接孩子的幼小心靈，引導他專注在場上的過程和球隊給他的信任，讓我備感窩心，也慶幸自己的選擇。

為了避免可洛在學習上產生混淆，自從他加入校隊後，技術層面的建議，我請他先以教練的指導為主；我則扮演類似心輔官的角色，不時給予他充分的信心去克服這項充滿挫折的運動。

印象中有一次他去宜蘭比賽，一下打擊被三振、一下守備出現失誤，看著他臉上滿是懊惱都快哭了。這時扮演我球員生涯長期特聘心理師的靜宜及時安慰可洛，要他放寬心看待眼前的失敗，好好欣賞技高一籌的對手，努力向高手們看齊。我也在旁助威：「你很棒，場上敢去拚就是爸爸想要看到的！知道還有哪些地方需要加強就好！」

好強的可洛總是希望凡事不落人後，例如跑步時即使快撐不住了，還是硬著頭皮堅持要保持在排頭。

有時我會為了適時緩解他的嚴肅小虧幾句：「打得這麼普通，還能排上先發喔？」

他就會回我：「因為我很強！」

我很欣賞他對自己的自信，也認為他值得擁有這份信心，畢竟他在訓練上真的很認真、很拚。不過，我也掛心他對自己的高標，加上慣於將心事悶在心裡的個性，會比較容易給自己惹來很多壓力（相較之下，寶貝女兒可妮就比較像我，樂觀、豁達，天塌下來也不怕）。因此，在他往後的棒球路上，我會持續關注他的心理變化！

因為——球員生涯是一段漫長且充滿試煉的長征。

願神祝福、保守我的孩子！以馬內利！

分道揚鑣

「家有一老，如有一寶。」

這句話，用在弱肉強食的職棒場上，但礙於現實，有時並非那麼貼切。

雖然放眼全世界（包含國內），不乏替資深運動員舉辦貼心的感恩或造勢活動，但實際上，在這個戰績、勝敗牽動情緒與觀感的擂臺上，一旦老了、傷了、不好用了，哪管過往多麼備受愛戴，一切都會變得很「現實」。上一秒你可能還期待自己會得到一句「加油」，下一秒只會倉皇地告訴自己：「不要聽、不要問、不要看，快走！」

所以——

我沒想特意去抱怨，或質疑怎麼不去珍惜曾經一起同甘共苦過的老將。

因為——

現實都是這樣子的。

可是，我還是需要大概說明一下為何離開待了十一年之久的臺中。

我在這座城市居住的時間，比從少棒算起到美和中學六年的學生棒球時期還長；整個職棒金華歲月都奉獻於此。我在這裡寫下生涯千安、二百轟及聯盟打點王等多項「史上」紀錄，外加兩座總冠軍。

但，這都改變不了二〇一〇年十二月二十七日，成為我隸屬臺中的最後一日……

時間稍微倒回離開臺中的前一年——二〇〇九年。

按原本馬雅曆會在二〇一二年十二月二十一日出的大事，提前三年在臺中領空上演；當天，興農無預警宣布釋出陣中主戰捕手葉君璋……

君璋和我是同一年進入味全龍，是同隊一起打拚最久的戰友；因為他，我才來到興農。

雖然我倆的個性相差甚遠，但有著言語無法形容的革命情感，所以在電話那頭聽到他以非常落寞的口吻說被釋出的那一刻，我驚訝到沒有思緒，我知道當下說什麼都無法改變現況，只能用堅定的語氣說：「我挺你！」

在場上，他既聰明又認真，是位很會解讀打者習性的金頭腦捕手；牛隊十年生涯，陣中不論打者、投手，沒有誰的習性是他不了解的。

正因如此——

當他被釋出後，隔年加入兄弟象；不僅使我們從戰友變成敵人，更間接為二〇一〇年底的那場風暴埋下伏筆。

回想二〇一〇年初，我先向球團自動請纓擔綱隊長一職；企圖整合前一年加盟牛隊的生力軍，如林益全、威納斯（Wilton Veras）等人，重整興農狂牛打線的招牌。經過一年的努力，我們如願在睽違四年後以「年度第一」的姿態再闖臺灣大賽；而面對的對手就是獲擁君璋的兄弟象隊。

賽前球評一面倒認為興農牛會輕鬆奪冠，原因是比起兵強馬壯的興農大軍，象隊多名主力因捲入前一年「又」發生的不光彩事件遭到解約，被迫面臨陣容換血的考驗。所以，二〇一〇年的臺灣大賽，對很多象迷而言，也算是有很多新面孔（包含君璋在內，還有黃仕豪、周思齊，以及我的姪子張正偉、張志豪）需要熟悉和累積信任感的時刻。

結果——比賽打下去之後，大家才意識到早已主宰下半季戰場的兄弟「洋投四大金剛」有多可怕……

冠軍首戰於十月十六日開打後，狂牛部隊就被一路壓制在地，雖然比分差異不大，但「三：二」、「三：一」、「三：〇」已足夠將牛軍逼至懸崖邊緣。

然後，戰況已經陷入慘境了，偏偏「雨神」第四戰又前來助威兄弟，而且一鬧就是三天，使得獲得充分休息的「四大金剛之首——麥格倫（Jim Magrane）」直接霸氣完投，隻手埋葬興農牛全隊整整一年的心血。

這段期間，相較表現宛如身陷泥沼的牛隊球員，象隊新兵——葉君璋、張正偉、黃仕豪與周思齊等人——各個都讓象迷歡欣鼓舞；同時，也大大惹怒興農牛隊的高層，進而引爆年末牛隊內部的人事大地震。

「明年轉教練，你的想法是？」

我自己在猜，球團大概是要為總冠軍戰被橫掃出局找個替罪羔羊；身為隊長的我，自然容易成為檢討目標。

「我還想打球，也還可以打。」我回答。

該年球季，我的打擊率三成一三、安打一百四十二支（聯盟第一）、全壘打十六支與打點七十八分；雖然我當時三十四歲，但成績仍支持我繼續奮戰，沒道理要我卸下戰袍轉任教練。

「很難，不轉的話，大概沒什麼機會再踏上球場。」對方冷冷地回。

「我呈現出來的數據，你們都看得到，比年輕球員優異，為何要我轉教練？我還想當球員！」我無奈地說。

對方無言以對……

「要不然——把我賣掉好了！」我氣憤地說。

「這也可以考慮。」對方依舊冷漠，「想去哪隊？」

我很難想起當下真正的情緒是什麼，因為千頭萬緒，太複雜了。但我記得自己隨口答了——

「統一獅。」

原本以為自己從臺中到其他縣市發展的機會不大，或至少時間未到。沒想到在這之後，一通電話就直接翻過開車也得花兩個小時的物理距離，使我非得帶上行李搬到臺南去……

「阿公，好久不見了！在天上的祢過得好嗎？」

我泰山啦！就是那個在球場被祢訓過幾次的天兵……應該還記得我吧？我出書了耶！剛好寫到在興農這一段，想說，怎麼可以漏掉身為集團大家長的祢——楊天發。自從我去臺南之後就比較少和「阿公」聯絡了。哈哈！我很想念過去常故意叫祢「阿公」，想讓嚴謹的祢感受一下我的熱情。

我知道祢當初為了經營職棒隊，看了很多棒球書，尤其是介紹日本球員的典籍。常透過集合時教育我們身為職棒球員應該要有什麼樣子，也滿先進地率先提出「秋訓」概念，鼓勵選手在季後應該持續精進自己、維持體能應有水準。

記得祢過去常用「咖小兵」嚴厲指稱過於散漫、不夠專業的球員，用「阿達達」稱讚表現優異的球員。講到這個，我很想和祢說個祕密！我平常在球場上讓人覺得吊兒郎當、不夠正經，臉上總掛著怎麼罵也抹不掉的笑臉，其實，是我一直在隱藏自己……

真的啦！阿公！

我沒有騙祢唷！

要不然……如果我真的這麼「散仙」，怎麼可能成績還可以……不錯……對吧！對吧！

我對「練習」有自己的執著。

只是，我不喜歡刻意裝模作樣。

寧願回家後，或者在大家沒注意時，專心面對自己發現的問題。

有一次比賽來到比較緊張的時刻，全隊壓力都很大，我卻還哼著歌漫步踏進打擊準備區。「阿讓」鄭兆行看到之後不可置信地問我：「你現在還有心情唱歌喔？」

唉——當我隊友這麼久，卻還不知道我只是假裝不緊張……

不過，換個角度想。連我的隊友都分不出來，那對手肯定也以為我都沒在怕了！

除此之外。

阿公！我還有一個小祕密！

就是那個隊上教練也曾經罵過的「捲袖子」動作啦！

其實這也是我化解緊張與安定心情的方式，不是我胡扯喔！運動心理學裡頭有講到一種名為「例行性動作」的身心調整辦法。我就是要在打擊前拉捲雙臂衣袖，接著進入準備的節奏；過程非得一氣呵成，才能專注去迎戰投手。

所以不是什麼標新立異、故意耍花俏啦！

對了！

有兩件祢之前教我的事，我現在還有在用喔！

一個是用力拍手，刺激掌中穴道的養生哲學；一個是用清水洗鼻子。尤其是後者，因為我天生鼻孔太小、後天訓練導致手指太粗，所以每當鼻子裡有異物卡住的感覺時，都很困擾；直到祢教我用手捧清水輕吸的洗鼻訣竅後，才解決多年以來的麻煩！

話說回來——

雖然與農球團不若現在職棒裡的大財團，經常讓球員「薪」情不美麗。但心情擺一旁，在祢公司底下打球的這十一年，是我最耀眼的時光。我很想謝謝祢，不論當時環境再怎麼辛苦，祢都沒有選擇解散球隊、一直默默堅持著。

說真的。

我曾經以為自己會在祢旗下打球直到退休，但為了延續我仍可勝任的球員生涯，最終還是選擇離開。

不管怎樣，回首過去一起相處的日子，我依然要誠心誠意地向已在天上的祢大聲說句：

「謝謝！」

三壘

山不轉，路轉

「轉機」對我來說是形容詞，也是動詞。

好比我曾經在二〇一六年的東京成田機場，等待通往我下一段棒球旅程的「轉機」。不過，先不急著說這個——

二〇一〇年跨年前夕，我和統一獅前、後任領隊陳政南與蘇泰安相約在臺南高鐵站的7-ELEVEN辦公室見面。開頭對方就向我提起公司立場，說綜合球團內部一致默契及對我的尊重，計畫以月薪二十二萬不二價簽約。雖然我有稍微思考一下是否還有往上爭取的空間，但打球心切及為延續球員生涯的初衷，過不了多久就當場落筆簽訂了。

為總冠軍賽而生

同年，適逢陳鏞基帶著天賦回國。

挑戰史無前例四連霸失利，還不幸墊底的南霸天，終於在季後因為同時簽到鏞基和我兩位即戰力而一掃陰霾。印象很深刻，剛到統一報到沒多久，就和鏞基一起拍了一支大亨堡廣告，球隊還為我們設計精美的球員卡套組；充分感受到公司對我們的期待，也讓我決心這一年要讓自己和獅隊耳目一新。

資深體育記者麗華姐曾透過標題「為總冠軍而生的男人」描述我，我一方面覺得難為情，畢竟，棒球分工細膩，很少會有像麥可・喬丹（Michael Jordan）、柯比・布萊恩（Kobe Bryant）、雷霸龍・詹姆斯（LeBron James）、史蒂芬・柯瑞（Stephen Curry）這種可以隻手遮天的籃球球員；哪怕天賦滿滿的大谷翔平，又投又打也無力獨自帶領天使隊上天堂。但另一方面，我確實很努力為每支效力的球隊達成這項目標，而且——幸運的我，還真的不管去到哪隊都拿過總冠軍。

二〇一一年，獅隊和強勢崛起的聯盟新勢力「Lamigo桃猿」爭冠，以陳金鋒、林智勝和林泓育為首的「暴力猿打線」對戰有劉芙豪、陳鏞基、潘武雄、高國慶和我的「猛獅軍團」，可謂當年最炙熱的對戰組合。全年勝率兩隊相差〇・〇〇三！勝差也只有〇・五場！但例行賽交手 Lamigo 以「二十一勝十八敗一和」略優。

季中一度因自打球造成脛骨骨折的鏞基，最終趕在總冠軍賽前夕歸來，替下半季露出疲態的獅子軍注入一劑強心針。十月十五日首戰，就在他三安猛打，搭配我四打數兩安打、外帶一分打點，以及其他隊友適時發揮下，終場以三：二收下勝利。

接著，我們就在中華職棒的都市傳說掩護中——總冠軍戰 GAME 1 獲勝球隊封王機率一〇〇％——於第五戰順利抛下封王彩帶。該年的總冠軍戰MVP是勞苦功高拿下三場中繼勝的王鏡銘；而我以三成六八的高打擊率，加上個人生涯第二發冠軍賽滿貫全壘打，獲選勝隊優秀球員。

二〇一二年到二〇一三年，連續兩年都是獅、猿爭霸的戲碼。這兩年中，我分別為獅隊貢獻全年「九十六分」和「九十分」打點，成為聯盟打點王，證明當初「鬧彆扭」是有那麼一點道理的……

因為——

我真的還能打啊！

尤其是二〇一二年我還繳出「打擊率三成三三，上壘率三成八，長打率五成二七」，加上十七發全壘打的頂規成績，讓不少人戲稱我「頭髮是長不回來，但成績卻回春了」。

你若問我：「泰山，你的抗壓性和韌性是怎麼來的？」

我會這樣和你說——

我是一名虔誠的基督徒，「禱告」是我交託心事重擔與重新整理自己的重要時刻。通常，我會雙手交握，進入與神連結的美妙時分；聆聽上帝是否給我回應，或者，反思近期發生在自己身上的事情。

不過，

人，終究會有憑信心宣告仍感到軟弱的時候。

走了十幾、二十年的棒球生涯，經歷大大小小的場內外風霜。

「陷入低潮」——

不是什麼太意外的事。

感謝主！我擁有一顆上帝賜與天生喜樂的心！讓我遭逢挫折後都能再次迎向光明。

記得國小正式加入棒球隊後規定要住校，在家裡被當寶貝的我第一次離家，難免想家想到偷哭。特別是被教練揍的時候，總希望有人可以安慰我、鼓勵我。但「喜樂的心」經常在一覺醒來後，就主動療癒昨日的種種，使我又能開開心心地踏出宿舍，快樂打球。

大我一屆且同為泰源國小出身的學長王金勇問過我：「你怎麼那麼厲害，看起來都不會想太多？」而我卻是語帶玩笑地回答：「學長，我沒看過像你一樣煩惱這麼多的原住民吶！」

其實，除了信仰和天性以外，還有一套哲學和辦法可以幫助我適時「轉念」：將一些辛苦的事，看作是很正向的起點。

打個比方。

很多球員十分迷信，以至於出門之後直到比賽前，總會小心翼翼地規避可能的「不順」（如塞車或忘記帶東西），因為他們很擔心被「觸霉頭」，害他當天比賽會表現失常。但我的解讀方式不同，如果是開車去球場途中遇到塞車或事故，我會告訴自己：「好棒！不好的事情已經走了！接下來我要好運了！」

除此之外。

我會盡可能讓自己浸泡在快樂之中！

打從我還在老味全龍時，靜宜就會幫我蒐集從報章雜誌剪下來的專題，整理那些媒體人、專欄作家或球迷投書的「好新聞」。我會仔細閱讀這些文字提振自己的「好心情」，也回憶近期的優點，當作下一場比賽的自信基石。

還有——

我從來不會在表現差勁的賽後，熬夜觀看充滿挫折的比賽重播。我知道有很多人求好心切，想藉此找出自己的問題出在哪裡。可我想的是，既然要找出答案——何不去看自己狀況最火燙時都怎麼做呢？

「從失敗裡學習成功的經驗」這句話沒有錯！

但要記得，一旦問題分析完畢，「通往『成功』的方法只在『成功』裡」。

在我的觀念中，那些不好的表現畫面，只會讓你愈看心情愈糟；甚至會出現反效果，害你不斷「複習」、「牢記」那些不好的動作記憶。當今的運動科學，尤其是美國盛行的動作分析，其實都是從頂尖運動員的「成功表現」中取經；藉此整理、歸納出最有效率的運動方式。所以，我都是透過觀察自己表現比較好的剪輯，來核對、建立比較好的打擊機制，藉此幫助自己維持高檔水準。

總歸來說——

我們都要學會認識自己的特質；在挫折時，也能定睛在自己的優點之上。

人家常說：「天助自助者。」

當我們依靠自己的信仰，祈求彼此的神來幫助自己。同時，也要做到為自己負責。你可以學習我不必過度拘泥已發生的錯誤，只要知道「問題在哪」，帶著最好的自己和自信去盡力嘗試。

這樣的話，有一天你也會發現，其實——

失敗並不可怕；而你，也遠比你自以為的還要強大。

最黑暗的一天

如果——

這世界上有什麼魔法——
可以讓某一天消失。
或者，
搶下主宰命運的大神手中那隻筆。

我希望，永遠不要讓那件事發生……

二〇一三年八月二十四日，一個寧靜的夜晚毀在一通不平靜的電話。

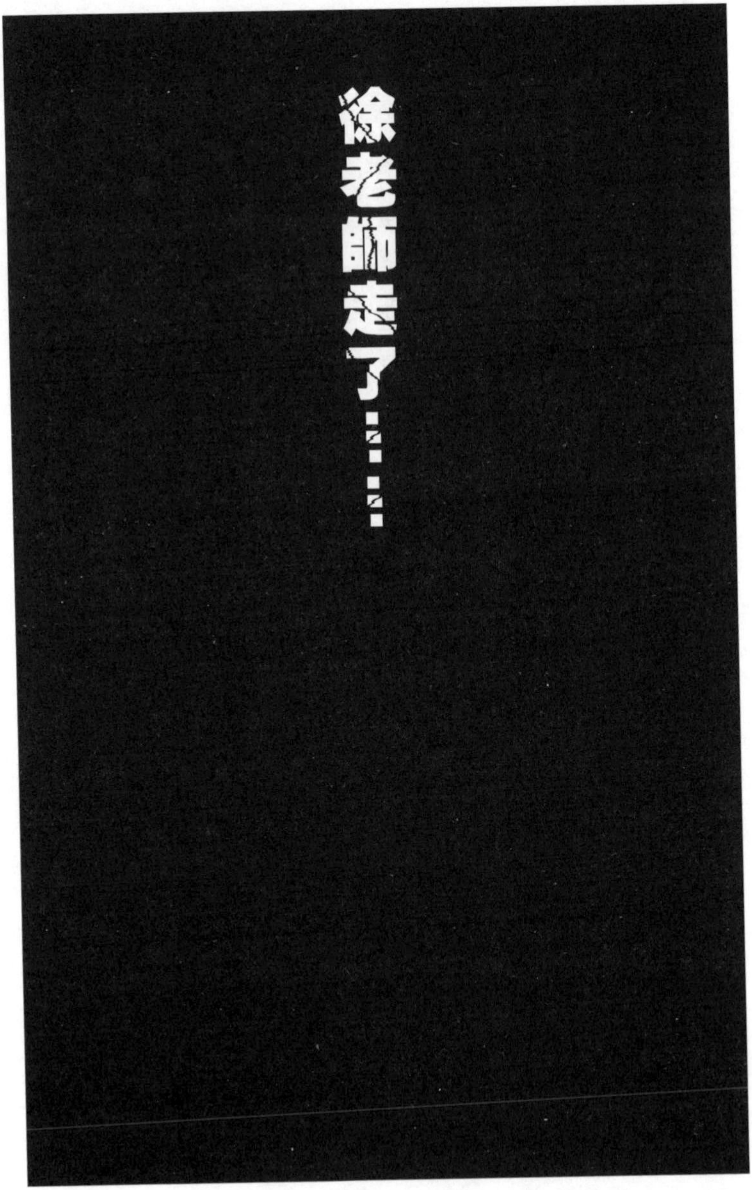
徐老師走了……

噩耗將我的腦袋撞成一坨爛泥，攪不動、化不開，甚至連呼吸都感到場縮。我獨自發呆好久、好久，直到淚水衝破我的倔強防線，帶來勢不可當的悲痛之感，我才放聲大哭，又過了許久才「清醒」讀出塞在我耳際已好幾個小時的消息……

自從在時報鷹業餘隊遇見徐老師後，我們的關係就一直隨著棒球、距離、人情世故交織著。有時候，他就像我的生父，對我說的話、對於我的期待遠遠超越一般教練、選手的關係；而我也經常像個孩子，覺得他嘮叨、煩，覺得他為什麼要這麼嚴厲，但又仰賴他對我的教誨。

當初，我決定投身興農牛，而老師改去那魯灣聯盟效力後，我就像個離家打拚的遊子，時隔三年才有機會與徐老師再次踏足於同一球場比賽。但那一回，我們不再是同一屋簷下作戰的夥伴，而是熟悉彼此底細的「敵人」。

賽前中職還刻意為我們師徒倆舉辦交戰記者會，當我從徐老師手上接下戰帖時，心中百感交集——因為老師對我期待很深，也對我疼愛有加，但現在分屬不同團隊了，我的好表現大概會讓他「既開心又痛苦」吧?!想是這麼想。開賽後，我彷彿想向「父親」證明自己事業有成那樣，賞了他帶領的金剛隊一發全壘打，終場還把勝利帶走……

之後每次交鋒，隊友們都開玩笑說輪到我上場時，對方捕手就會刻意看向徐老師，請示該怎麼料理我才好。而我和君璋也是這樣，當徐老師下達戰術時，我們也會竊竊私語，試圖依過去對徐老師作戰習性的了解，提前預防他可能會做的戰術。

同年年底，徐老師接掌當時極為重要的亞錦賽任務，力圖在這次做為奧運資格賽的比賽中率領中華隊重返光榮。這是我們分開後第一次並肩作戰，但我不知何來的想法，一直想和他保持距離……

避嫌嗎？

可能吧——

我不想被覺得只會討好徐老師，然後入選中華隊或擠進先發打線；更不想因為自己，害他在安排作戰策略或訓練要求上徒增多餘的困擾。

即便是我想太多的機率很大……

但直覺上就是覺得保持距離會好一些……

後來有兩件事，讓我自責的感覺大大壓過賽前的多慮。

首先——

靠著「又是高志綱」之後中華隊通過了資格試煉，準備踏上雅典、再次重回奧運。為了在最高殿堂上取得最佳成績，團隊進行部分換血，留下被認為更有實力和世界列強力拚的成員，還外加幾位闖蕩國外職棒殿堂的生力軍。

我是其中幸運被留下來的一員，一直希望自己能打出好成績，幫助徐老師及中華隊達成國人託付的奪牌願望；但我卻始終表現欠佳，未能提供團隊更多的火力支援……

再者——

熟悉徐老師的我，居然沒發現老師的身體在雅典時已經出現異狀。

比賽中，只感覺老師的臨場反應好像比平常慢一些，殊不知那時他的身體幾乎不堪負荷；造成返臺後緊急赴醫院治療，最後甚至動了換腎手術才排除腎衰竭帶來的健康危機……

我猜，這兩件心事假如讓徐老師知道，他肯定會說：「沒事啦！想那麼多幹嘛！又不是你的責任。」但我還是認為自己應該貼心一點，不論在表現還是對老師的健康觀察上，都應該再做到更多。

然而，看似有份血濃於水羈絆的我們，不是沒鬧過彆扭。

之後幾年，徐老師先接了兩季中信鯨兵符，又休了兩年，再輾轉來到興農牛，師徒倆終於又在二〇〇八年於職棒圈同隊效力。可是，這時的我已不是當年味全龍那個什麼都不懂的毛頭小子；身為隊中老將，自然少了像過往對老師的依賴，但我們的感情依舊。

不過，二〇一〇年底那場轉隊風波，原本我以為徐老師會念在我們的「父子情誼」，以及知道我已在臺中置產、準備定居的心，替我向興農說情將我留下。

殊不知——沒有……

不確定是不是他準備為失敗的總冠軍賽請辭負責，所以無心想到其他事。總之，我帶著失望離開——包含對老師失望——收行李的過程，我一併在心裡打結，負氣地摺皺對老師的想法。使得我揚長而去後，也疏離了這位生命中的貴人……

你可以說我不懂事，不知惜福……都好。

因為我真的既任性又倔強，直到二〇一三年興農轉賣給義大，也找回了徐老師擔綱總教練一職，他才在一次統一與義大交手的比賽前，主動找我破冰……

「我到底在幹嘛……」

「我為什麼讓自己錯過了這麼多時間……」

老師離開那晚——

我一直陷在懊悔的泥沼中無法自拔。

那幾日——

我不斷想起當年去敲老師房門的自己；

想起我曾向老師「撒嬌」，希望他去哪兒都能帶著我一起去……

然後，實現我美夢後的他——

一肩扛起所有質疑。

授意讓我從每次打席、每次守備、每次跑壘裡，蓄積我未來大爆發的能量。

他手把手教導我棒球的知識，也曾親自撫去我滿是自責的壓力與淚水。

而我卻用了幾年的時間和他鬧脾氣，錯過了親口跟他說聲——

老師，謝謝。

老師：

轉眼間，您離開我們已經快十年了……

不曉得深愛棒球、扛起國球不能衰敗之責任的您，到了天上後是否已卸下未盡之夢的遺憾呢？

後來的我有聽師母說過，在您人生謝幕前有很多想做的事。您一直想替這片土地、替愛棒球的人帶來好多、好多美好與成就，就像當年提攜我那樣。我依然記得，當我剛踏上職業舞臺時，您是如何陪伴、鼓勵的——

就像一位父親在身後，溫柔地牽繫還在學走路的我。

我想和您說——請您放心！

當初您在美濃投入的基層棒球培育計畫已有小小成果嘍！

現在已經有您滋養過的孩子進入職棒！而且，師母也以您為名成立「徐生明棒球發展協會」，接手您對於三級棒球發展的夢想和目標。

雖然您走了快十年，但您的風範和大愛仍舊照耀著渴慕被澆灌的棒球幼苗。

呃——

有件事我本來不想提，或許能替您保守祕密……

但是為了師母，我覺得我還是想開口問問……

二〇二一年十月十六日，您有回來偷看我們對吧?!

那天在天母棒球場，再次重回中華職棒大家庭的味全龍隊替您舉辦了「85號」引退儀式。本來天氣好端端的，天邊還掛起一抹輪廓完整的彩虹，突然下起一陣大雨，連同師母在內，大家都淋得一身溼……

是您對吧?!

別騙喔！師母說她一出門看到彩虹，就想說您會不會來了？還說那場雨大概是在天上的您也忍不住了……

好嘛！我知道您不喜歡看見大家太難過的樣子，然後就用了不知道和誰學的這招……

謝謝您教會我的一切，是您捏塑了我；也謝謝您的大氣，包容了關於我的一切。「**沒有徐生明，就沒有張泰山**」是我現在放在心中最感念您的一句話。雖然我很遺憾沒能親口向您致謝，但我很慶幸在您華麗轉身之前，由您親手解開在我心中的糾結。

您永遠會在我心中駐足，成為我人生及棒球路上最好的榜樣。

好了！

我不說了！

別再來天母那招！
因為——我的眼睛已經夠溼了！

想念您的泰山　敬上

空轉

當飛機從你頂頭掠過時——你會做些什麼？
仰天讚嘆人類的偉大？
還是覺得引擎聲好吵？

大概有兩年左右的時間，我好討厭這種空中巨無霸的渦輪運轉聲。尤其是待在飛航區下的臺南球場，轟隆巨響經常打斷在這地區生活的人們。

講電話的人要先和對方說「稍等」，才不會錯過電話那頭可能的重要訊息。

面對面說話的人要保持「微笑」，避免這段等待飛機呼嘯的時間過於尷尬。

但幾度引起我不耐煩的，老實說，不是噪音，就是「等待」。

二〇一五年季後，我訂了四張來回機票將全家帶進轟隆聲中，飛離我覺得比噪音還煩心的現實。

靜宜知道我有心事，可是她這次不急著道破，就是陪著我、帶著孩子一起遊歷日本。幾天時間裡，我難得從思緒裡淨空棒球，享受著孩子歡笑和冬季的和風美景。直到旅行最後一天，在朋友安排下，我們來到東京郊區的溫泉飯店，靜謐的環境才意外倒映出我內心藏匿的煩憂——

「唉——煩了兩年了。」泡在溫泉裡的我無奈嘆道。

自從二〇一三年完成聯盟最多出賽、打出聯盟最多打點後，足足「空轉」了兩年。在這期間，我失落茫然，力不從心，時時說服自己棒球是講求團隊精神的運動，球團有一定的規劃與策略，不會因為一個人而有所改變，這就是我前面提過的現實面。

最終，球員合約期滿後，我面臨到幾乎與興農後期一模一樣的境遇，球團基於「尊重」，端出了「轉教練」的誠意合約。

但事隔五年了，我依然——簽不下去。

圈內很多人在傳，包含媒體撰寫，我是為了達成「生涯三百轟」打死不退。但事實是——當時我已經三十九歲了——還有沒有足夠能力、時間和空間可以追逐紀錄，我心知肚明……

我真正不捨的——

是「棒球」。

這項陪我長大、讓我成為今天的自己的「運動」。

也許一開始是為了牛奶和饅頭，我才和它「在一起」。但之後的二十幾年，我為它呼吸、為它生活，手指還為了它粗到無法挖鼻孔……

我還沒準備好失去它，也還沒想過不用練球的日子如何填補空白。雖然「轉教練」依然可以待在球場，可是我一直都是「球員」；這兩道身分將面對看似一樣卻截然不同的球場步調。

✦

「可以再讓我拚一年嗎？我想好好與長久以來支持我的球迷們，以及身為球員多年的自己在球場『說再見』。」

這是我結束旅行回國後，向統一蘇領隊表達的心願，還主動和他提起扣我多少薪資都沒關係，而且也不要求場場先發，只希望能再以球員身分打拚一年。

而我傳達心聲後，我們隨即進入一段飛航區下的對話等待。蘇領隊請我「稍等」，我也保持「微笑」。因為要經過的溝通航班甚多，所以我們之間隔了幾日交談空白。

不過，這一次，我不再煩躁。反倒珍惜起這「等待」的空檔；讓我好好傾聽自己、規劃未來。

記得某一天我在家，對正在一旁玩耍的可洛說：「可洛！爸爸可能要退休了！以後會有很多時間可以陪你打棒球喔！」

一開始聽到我會有很多時間可以陪他玩的可洛，當下開心得不得了，但馬上似懂非懂地問我：「爸爸，什麼是退休？」

一時之間不知道怎麼簡要向他解釋，我便說：「就是我不再打球了……」

「不要！你不要『退休』！我還想看你打全壘打！」他突然生氣地吼著。

看著兒子一下從歡喜轉而生氣怒吼，我快被現實打消的戰鬥意識好像又被喚醒，逼得自己得再次思考下一步究竟何去何從——

直到我最終從簡訊裡接獲「僅剩轉任教練一途」這項明確結果，我便向蘇領隊致謝，也忠於自我地向他回應：「那就讓我到外面闖闖吧！」

就這樣。

我告別了待了五年的統一獅隊。

也告別了二十年的——中華職棒生涯。

轉戰德島

欸——

用了二十年青春鋪寫，精華摘要整理起來將近六萬字的中職生涯。

竟然用一千字左右就草草收尾？

會不會太唐突？

……

會啊！

不過——

事實也是如此呀！

如果在你印象裡，曾經參與過我的風光退休巡禮，那你肯定是穿越時空，或者深陷曼德拉效應了。

猶記得我決定告別府城時，原本以為自己可以很灑脫，沒想到接到離隊證明書當下，早有提防潰堤的心還是崩塌了……

二十年啊……

見著了多少神獸級前輩不敵歲月繳械，

也含淚揮別過許多只打兩、三年就被淘汰的隊友。

在這殘酷的擂臺上，誰都知道會有離開的一天。

只是輪到自己那一刻，還是不敢置信我的童年與青春——

好像就這麼結束了……

這是一種落寞、不甘，還有慌張調合而成的滋味。

難以下嚥，卻又躲不掉。

要是有個引退賽——頂多也像是苦瓜汁加點糖，依舊難掩苦澀的事實。

「真的要這樣離開中職了嗎？」我的理性和感性同時不停質問自己。當我一邊請經紀公司幫我詢問其他三隊還有沒有機會時，心裡也一邊翻攪著：「三十九歲了……大叔……還眷戀著什麼呢……」想著想著，我想到了一個地方——四國島聯盟plus。

會想到「四國島聯盟plus」，是因為我想起一個人，那位曾在統一獅有過美好共事經驗的前總教練——中島輝士。

中島教練離開統一後，我們一直都有保持聯絡，知道他回日本不久便到隸屬日本獨立聯盟的「四國島聯盟 plus」擔任德島藍短襪隊總教練。他是一位十分親切、熱情的教練，我曾經問他去德島藍短襪打球的可能性，他說那裡的環境沒有中職好，很辛苦，你確定想來嗎？

對當時的我來說，我在意的是能繼續獻技給孩子和愛看我打球的球迷朋友，其他的，都不重要了！

只是我對以球員身分續留中職還保有希望，所以把去德島藍短襪打球的事情放在心底。

時間稍微轉回到二〇一五年底的那次日本家庭旅行，貼心的靜宜一直到旅行尾聲才溫柔地告訴我：「就照著你的心去走吧！假如在臺灣真的沒機會再當球員，我們就帶著孩子去四國島聯盟 plus 體驗不同的打球環境！也當作讓他們體驗不同的風土民情，看看這偌大的世界。」

當下我看著孩子們在草皮上快樂地奔跑著，繼續聽著靜宜說：「你努力一輩子了，也為這個家付出了好多。也許去到獨立聯盟收入會頓時短缺，但只要省著點用，生活是沒有問題的。」

說完之後，她就像浪漫電影那樣倚靠著我，讓我從心、從身都能感受到她的支持，安下我不少愁慮。

「好哇！要是臺灣真的沒機會的話——就來當個旅外老男孩吧！」我默默在心裡想著。

✦

「泰山哥！德島那邊有好消息嘍！」

不久後，我正式從經紀公司那邊收到中島教練隸屬球團「德島藍短襪隊」邀約，彼此很快達成合約共識。

轉戰日本獨立聯盟的消息傳出後，我收到各界好友的鼓勵。二〇一六年一月二十四日，我在臺北召開加盟德島藍短襪的記者會，老天也以百年難得一見的「降雪」奇景替我撒下慶賀紙花。德島藍短襪隊球團負責人荒井健司先生與中島輝士總教練還親自來臺迎接，並在記者會上對我說：「放心把家人都帶來吧！只要能讓你安心打球都好！」讓我深深感受到球團的重視。

出發德島前，經紀公司幫我安排一場球迷見面會。當天來了三百多位球迷，包含追隨我多年的後援會和老相識都來了，大家給予的滿滿祝福，大概動用貨機還不一定塞得下；但這熱鬧又溫馨的氣氛，似乎還是無法定錨對於面對陌生環境的忐忑。

我表面上笑著和大家揮手，額頭上的汗水卻滑過眉間，似乎想偷偷告訴我——

我知道你抽動的眉頭，壓抑著什麼心事喔……

全新開始．全心挑戰

這裡的星星，好像比泰源村亮呢！

我獨自坐在海陽町蛇王球場附近的木屋外，這是球隊移地訓練的下榻處。來到德島沒幾天，我就隨著球隊來到離德島市八十多公里遠的地方練球。沿途盡是酷似臺東聚落的鄉間風景，但畢竟是比臺灣大上不少的日本，這段好像部落的景色也被拉得好長。

少了光害的夜空，加上空氣清新，星星都亮得特別放肆。

我總喜歡在夜裡望著天，學著李白對著月亮寄託想像——

想像現在也在日本、但留在德島市的老婆和小孩，是否也正看著月亮？

想像當年我還在臺灣打球時，這輪明月是否也留心過我的輝煌？

因為日本溼度較低、緯度較高，夜晚吹起的寒風不是我過往習慣的感受，但我曉得自己的孤獨與惆悵不是日本天氣的錯。

這是我的選擇，一切都剛開始，我要加油。

四國島聯盟 plus 是個適合年輕球員「逐夢」的地方。

如果打得好，就很容易被日職看見，然後改去那更大的舞臺「築夢」。

我身旁就不乏類似的例子，例如，當時與我同期來德島打拚的韓國選手——河載勳，很快就因亮眼表現被簽到隸屬日職中央聯盟的東京養樂多燕子隊。還有一位年輕投手——福永春吾，則被選入超人氣球團阪神虎隊。

而對我來說，來到這裡打球，只是想「續夢」，與年輕球員的目的大不相同。

親自來到德島後，才知道中島教練口中說的：「環境與中職沒得比喔！」不是那種日本人常用的謙虛客套話。我加盟過程備受款待，不僅在臺灣有專屬的迎接記者會，來到日本後還在球團安排下，先去了一趟東京走訪臺北駐日經濟文化代表處，再輾轉來到位於日本四國的德島縣德島市。一下飛機又見總教練中島輝士和當地媒體前來接機，隔天又安排一場記者會，我才想說可能沒行前以為的那麼糟。

結果——真的滿「心」苦的……

在這裡打拚的球員，除非家裡條件不錯，或本身竭盡所能省吃儉用。否則，就得利用練球、比賽以外的時間去兼差，才能稍微平衡日本高昂的生活費。

你大概會想說——

需要花到什麼錢嗎？

很多東西不是球隊都會提供？

嗯——

看起來應該是我們都被職業環境寵壞了，獨立聯盟球隊很多不供餐，只提供水和飲料。有一次我正提著麥當勞來到球場當午餐，卻看到一名年輕球員準備將茶飲倒入白飯裡，計畫以「茶泡飯」解決一餐……

害我心裡堆滿罪惡……差點嚥不下雞塊和漢堡……

另外，棒球用具也要自己買，在薪資不高的情況下，本地球員經常穿戴早已破洞的打擊手套與練習衣；球棒裂的裂、斷的斷，能拎上場的也沒幾支。於是我算好自己的使用量後，便將其餘從臺灣帶去的裝備分送給他們。然後，一些我認識的臺灣廠商，聽到這些年輕人的動人故事後，扮演起聖誕老公公，特地從臺灣寄來一些球棒、裝備免費贊助。雖然表面上看起來是我在幫助他們，但其實是這些年輕人的毅力感染了我，也成為我撐下去的助力。

在這裡集訓沒有大、小牌之分，每個人都要輪流當值日生，負責打理團體生活的大小事。雖然我的年紀比其他球員大上許多，但我認為既然自己同為「球員」，就不應該破壞人家的規矩。我捨棄被明示、暗示過的特權，和年輕球員一起投入輪值工作。這讓球團工作人員大感驚訝，想說這位戰功彪炳的臺灣棒球大叔，何以放下身段？

其實——我一直很喜歡和年輕球員在一起！一方面是相處起來「眉眉角角」沒那麼多、壓力比較小；另一方面是年輕球員總是幹勁十足，他們的活力總讓我時時警惕自己要持續努力、不可懈怠！

說到這，很感謝中島教練授意讓我與年輕球員們大方分享自己的多年經驗，累積了我日後成為打擊教練應有的歷練。那段日子，一些認同我打擊觀念的球員都會相約晚上來敲我的房門，不知道的人可能還以為他們各個手握球棒是要來找碴！過去對於「當教練」還自認不足的我，也在他們認真、受教的態度中找到信心。我竭盡所能打破語言隔閡，傾囊相授多年職棒經驗和打擊技巧，希望可以在他們追夢的過程助一臂之力。

還有一點和臺灣很不同！

德島藍短襪球團與當地社區、居民連結甚深。由於經營方不是大財團，社長也相當年輕，球團經營上需要和在地縣廳與民間單位密切合作，所以球團經常結合社區辦理活動，球員自然也得投入像是海邊淨灘、學校導護等公益項目，好回饋在地居民。

有一次真的令我印象深刻！

我們原先被告知要進行十五公里的長跑訓練，結果卻是包裝著額外的目的——

原來！球團是為了感謝在地人士的大力贊助，選擇用「球員親跑」的方式到贊助人家親門答謝！

到了約定出發的那日早上，天空下著雨、氣溫又低，出主意的社長卻是「霸氣登場」，親自冒著雨、騎著單車帶頭衝！本來我也必須一起跑……好在中島教練體恤我年紀大了，擔心我因此受傷，索性拉我搭上隨行車隊。

在車上看著在逆風中奔馳的衝鋒熱血隊……我心中滿是不捨；中途中島教練還看到有位球員沒穿風衣，隨即招停下車把自己身上的風衣脫下來給球員穿。

這一幕，我非常感動。

到了目的地後，球員們用顫抖的身子向贊助商深深地鞠躬，身上還散發著從肌膚四散的熱氣。接著，大隊隨即折返，準備奔回球場後展開當天的訓練。

「在臺灣，有人能做到這樣嗎？」

回程時我不禁反省著，更對自己高中抄近路被退隊那件事感到慚愧……

「也許這就是日本棒球之所以強大的祕密吧?! 一群年輕人——為了夢想。甘願每天刻苦鍛鍊自己，還能抱持珍惜、感恩的心。」

這真是我從未經歷過的野球文化。

關於「棒球即人生」的哲學，不是用講的，是真真實實活出來的。

「我真的要好好把握這次機會，好好探索、好好學習。」回到球場後，我關上車門，接著邁出更加篤定的步伐，跑向我的熱血隊友們。

遠渡重洋的溫情

不熟日本社會結構，但在我來看，德島應該算是東瀛的退休城市。這裡的老年人口居多，除了觀光過境，鮮少有外地客會來到這個地方工作、生活。

我知道，要老人家挺直腰桿坐在簡易球場的看臺上，觀看一場平均三小時的棒球賽事，不是一件這麼容易的事。所以，即使棒球在日本很受歡迎，但藍短襪隊主場觀眾總是稀稀疏疏。

對比過去中職看臺上各種花式助陣，如今只聽得見可洛、可妮用稚嫩的聲音喊著：「爸爸加油！」難免有些落寞。

不過，除了我要重新適應，跟著我來到德島生活的家人，也面對不一樣的生活挑戰。像是靜宜，當我因為訓練、比賽不在家時，就得一個人耐著陌生環境照顧家庭；雖然過去在臺灣也幾乎如此，但來到日本，語言隔閡加劇了這項挑戰難度。

有一天晚上比完賽，一家人開車回到家並停好車，因為身體的疲憊和心裡的孤寂，我終於壓抑不住情緒，像個孩子對靜宜說：

「我想回臺灣！我好想回臺灣！」

靜宜不發一語轉身下車，但她始終背對著我和孩子，我看她技巧性用手拭淚，這一刻我知道她很心疼我，自己也撐得很辛苦……

好在因習慣問題而憂鬱的心情色調，沒染到我兩個可愛的孩子身上。懵懂無知的可洛、可妮，用他們慣有的嬉鬧聲，劃破了夜晚的寂靜，使得我們夫妻倆沉悶的心，透過孩子的歡笑獲得療癒。

不確定後來是自己先轉念，還是天氣先轉暖。總之，當屋外的櫻花樹終於綻出喜氣的花色，我也逐漸找回原有的開朗。

不過，我永遠記得當初一件比看到櫻花盛開還要開心的事！

我聽說球團透過臺灣媒體朋友介紹，將有一位同為臺灣出身的女孩願意遠渡重洋來當我的翻譯，我簡直快樂壞了！因為語言問題正是我當時極需克服的難關，加上球團說她是「無償」前來，所有食衣住行都會自理。讓我和靜宜一直在猜是哪位這麼懂我、這麼無私的球迷，如此甘願為我「犧牲」？

直到預定相見歡那天，我才看到這位女孩；還自己從臺灣配了一輛腳踏車隨行——

「嗨！你失望了嗎？」女孩開頭第一句話就對我這麼說。

我忍不住笑了出來，並問她為什麼這樣講。結果她回答：「我猜你以為會是個『辣妹』來幫你吧？但我不是啊！哈哈！」

多虧她熱情和無厘頭的打招呼方式，化解了我們初次見面的尷尬。之後我也「從善如流」

稱呼她為「辣妹翻譯」。

這位「辣妹翻譯」名字叫樂樂，是位個性隨和、容易相處又很有工作熱忱的年輕女孩。很快和我們全家變成好朋友，對於她願意自費來德島協助我，真的令我非常感動。

在我來看，樂樂和我隊上那些年輕隊友一樣，都懷抱著自己的夢想，也腳踏實地努力實踐著。

剛開始，樂樂的日文還沒那麼熟練，反而英文比日文精通！記得一次比賽結束後，我獲選為單場MVP，正接受現場主持人訪問；我先說了一段感言，主持人便把麥克風遞到樂樂面前請她翻譯，結果一時之間她還沒回過神來，當場傻愣在地……

「ありがとうございました（非常感謝您）！」我趕緊彎向麥克風，大聲用日文對現場觀眾道謝，觀眾也回以熱烈的掌聲幫助我掩護樂樂。

我沒問過樂樂當下感受了什麼，但是，比她先到異地打拚的我，十分清楚隻身在外獲得友善相待對心理的幫助有多大。我經常鼓勵樂樂，而她也很快進入狀況；加上她英文說得好，除了我以外，也會協助隊上的美洲洋將和團隊成員溝通。後來我回臺灣時，她還留在德島協助球團兩年。相信這段經歷，對我倆各自的人生都有深遠的影響。

現在回想起來——

感到比較神奇的是——

自從樂樂來了之後，那段與臺灣球迷漸行漸遠的連結好似也被重新接上。

愈來愈多臺灣朋友專程來德島看我比賽，有的是將人生第一次出國首航獻給我；有的一路從本州東京開了十一小時的車來四國看我；有的不只人來了，還帶來超多令我們一家回味無窮的家鄉味點心。因為他們，看臺上漸漸增添幾分日本人前所未見的應援方式，沉寂多時的「OEO」加油歌又響起、久違的紅色「泰山大旗」翩然起舞，還有對味的臺灣口音混搭可洛、可妮稚嫩童聲齊喊：「張泰山！全壘打！」我真的好驕傲！

大概是太想拿出表現回應球迷吧?!

幾次大陣仗加油團集結，我都打得差強人意，多虧兩位貼心的孩子會在觀眾席上當公關，幫忙撿界外球來給遠道而來的啦啦隊當看球禮，減輕我表現不佳的難為之情。

由於德島交通不若大城市方便，有時賽後開車回宿舍的路上看到落單球迷，我會順道載他們一程，或者帶他們去吃當地有名的拉麵。德島很美，好吃的美食也不在少數。總希望我在心理上獲得來自臺灣的溫暖應援後，至少能幫忙填飽球迷的五臟廟，讓他們也能帶著美好的回憶賦歸。

來德島一段時間後，德島縣廳和球團看我與球迷的互動不錯，且常常看到臺灣來的球迷，便邀請我擔任德島觀光大使，而我也期望除了棒球以外，能夠在其他領域有所交流，回饋球團，同時將德島的美分享給臺灣的球迷朋友們。

德島縣廳安排我們一家走訪德島美麗的景點拍攝宣傳片，如鳴門漩渦、大步危、小步危、祖谷、落合集落……另外還體驗了傳統阿波舞與手打蕎麥麵製作。

有一回，一艘臺灣郵輪觀光團首次停靠在德島，德島縣廳安排我和幾位年輕球員，與德島著名的阿波舞舞者，在旅客結束德島旅程要回程時，共同歡送二千多名臺灣旅客上郵輪。

本來球團準備一千支印有我的照片的扇子要發送給旅客，但隨著旅客愈聚愈多，臺灣旅客對我的熱烈反應讓球團緊急改用販賣的方式，另外還準備一些球團商品。由於人潮太多，球團社長和辣妹翻譯樂樂都加入販賣行列，現場排滿等著買商品、和我簽名拍照的臺灣旅客，而我因為已經好久沒有看過那麼多臺灣人，內心有點激動，思鄉情緒瞬間被點燃。

一陣兵荒馬亂後，旅客們陸陸續續回到郵輪，我與隊友和阿波舞舞者在碼頭上等待著郵輪啟程。在阿波舞的樂聲與鼓聲中，我揮舞著臺灣國旗，揮著揮著心中感到一陣酸楚，這幾個月在德島壓抑的思鄉情緒一股腦兒全宣洩出來，我對著郵輪大喊：「我想回臺灣！」郵輪上的旅客似乎聽到了我的呼喊，他們在郵輪甲板上異口同聲對我說：「泰山加油！」聲音大到碼頭上的日本人都覺得驚奇，此時我的眼淚已快奪眶而出，因為怕被看見，我強忍住，內心深深感謝臺灣沒忘記我，這句「泰山加油」的聲音一直烙印在我心中，也是支撐我繼續走下去的精神力量。

真心謝謝曾來德島看我的大家！泰山永遠不會忘記！

轉折的轉折

「欸！泰山哥，你知道富邦準備接手義大犀牛、入主中職嗎？」

「喔！有這回事？」

「對啊！現在消息在傳！怎麼樣，有意爭取看看再續中職生涯嗎？」

旅日那年球季後段，我陸續收到許多臺灣友人捎來的消息。老實說，自從我知道重返中職舞臺萌現一絲希望後——「我真的很想回來」——至少，行動上我毫不遮掩自己的心意。

記得四國島聯盟 plus 球季結束沒幾日，我便主動向待我不薄的德島藍短襪球團提出提前中止合約；一向最重感情的我在逐漸與當地建立一股非比尋常的共事情感下，這是很痛、很痛的決定。但為了把握最後「青春的尾巴」，我需要為自己勇敢一回。

雖然是帶著破釜沉舟的心志回來，我和新加盟的富邦球團確實也有過接觸，可是離開中職這一年，我很清楚聯盟各隊當前的建隊方針。「年輕化方針」不光是中職和棒球，全世界所有職業聯盟都朝著使運動員更年輕、更有活力的方向推廣。所以我只是被動地等待，並未打擾決策圈之間的討論；自個兒期盼還有機會重返舞臺向支持我的球迷們獻技。

等啊等的。

直到舊式日曆幾乎快撕到倒數最後幾張，我才耽著心中的百感交集對自己說：「真的該放下了……」

在外頭闖蕩一年，過往被麥克風簇擁的光景早已遠颺。

當下面對這段彎折的境遇，也許不是那麼多人在意我怎麼想；但我還是默默在心中，感念曾經孕育我的中華職棒大聯盟，以及一路支持我的死忠球迷。

早在入行之前我就曉得，職業運動員的黃金歲月稍縱即逝，三十來歲就得提早面對各行各業都會面臨的新陳代謝；更何況我最後一年打中職已年近四十。在中職提供的舞臺上，我被許多人欣賞、追隨著，因此我不該在離開以後，反倒讓這股正向的力量形成對立。我明白自己的姿態會是關鍵，所以不斷提醒自己，既然仍有一些注視於我的目光，我還真得起身拍去名為失望的塵埃，繼續堅定地迎向未來。

「要不然——我們試試向澳洲職棒投石問路好不好？」我的好朋友 Brad 問道。

「唉！別這麼快將我拉回現實嘛！我好不容易才在心中 run 過一段很浪漫的自白！」我只是想，但沒說出口，然後 Brad 的獻策讓我想安定的心又跳躍了起來。

Brad 是我在興農時就認識的好友，當時他是球隊翻譯，相當熱情又有能力。旅日期間我曾和他聊過想到各國職棒聯盟增廣見聞，他一直記得這件事，於是在我幾乎篤定回不了中職後，便積極地想替我向澳職所屬的六支球團繫起緣分。

原先我的經紀公司（悍創）沒有特別贊成，他們建議我應該將重心擺向卸下戰袍後的規劃，因為以我當時的資歷與年齡再去澳洲發展並沒有太多實質意義。但他們終究拗不過我對打球的熱情，最後也加入幫我尋求新去處的行列中。

幾經周旋。

最後遞出橄欖枝的幾支球隊中，就屬阿德雷德鯊魚隊（Adelaide Bite；現改名為阿德雷德巨人隊）最為積極。時任執行長戴維森（Nathan Davison）不僅允諾將提供良好的打球環境，還特別表明要來臺灣召開加盟記者會，以前所未有的外援邀請規格歡迎我入隊。對於一位屆退的臺灣棒球歐吉桑能獲得這樣的禮遇，我實在找不到不心動的理由。

於是，在各界幫忙下，我決定帶著自己和家人再出去闖一闖！而這次的目的地，正是袋鼠比人多的南半球伊甸園——澳洲。

有別於上回的日本經驗，直到一段日子後，才有辣妹翻譯支援。這回來到澳洲，一開始就有 Brad 和後援會好友 Sally 相助；他們可說是我在阿德雷德（Adelaide）當地聯絡球團和球迷的最大幫手！

印象很深刻，我剛到球隊報到沒多久，鯊魚隊就表示二〇一七年十一月二十五日於阿德雷德主場第一場比賽，將盛大舉辦新球季第一個主題活動——臺灣日。消息一出，Brad、Sally和我的後援會立即投入相關策劃，偕同球團完成不少精美文宣。當地華僑獲知後，都相當興奮有臺灣特色的活動將在這座南澳峽灣城市舉辦，紛紛透過 Line 群組向 Sally 報名參加。

為了這場臺灣日，受邀擔任開球嘉賓的「龍伯」（我的後援會會長）與其他後援會友人，特地從臺灣飛來阿德雷德，還空運我的專屬旗幟及看板，並在比賽前一天連夜趕工裁剪，精心布置於球場觀眾席。

到了比賽當日。

我一到球場就看見龍伯號召後援會成員所完成的裝飾——鮮明的紅色大旗威武地豎立在球場上飄揚著。這是睽違一年後，再次從日本德島複製到南澳阿德雷德的異鄉感動。

坦白說這一天並非我的澳職處女秀，早在同年十一月十七日，也就是主題日約一週前，鯊魚隊已在雪梨進行新球季開幕戰。

由於澳式足球、板球、網球及游泳等運動才是澳洲人主要的興趣所在，會為了比賽輸贏而激動不已的熱血運動迷，大多也聚焦在那些當地主流運動之上。來球場看棒球的人，除了幾位數得出來的棒球愛好者，多為單純來喝喝啤酒、享受生活的。

老實說——我很喜歡殺戮氣氛沒那麼重的比賽步調；有時甚至比國內少棒更能體會到棒球的樂趣。尤其澳洲許多球場設計相當親民，觀眾席與賽場幾乎只有一排欄杆相隔（阿德雷德主場便是如此），球迷和球員的距離近到快可以直接聊天，使得比賽氛圍總是相當歡樂。

正因棒球迷不多，當天二百多名臺灣朋友儼然成為球場裡的顯眼存在，甚至占現場觀眾五成以上的比例。我認為鯊魚隊和澳洲球迷肯定會為當天觀眾席上的臺灣粉絲表現大感驚豔！

原汁原味的臺式加油風前一年就已贏得德島觀眾芳心，而有過那次「旅外」經驗後，後援會這次可說更加得心應手；一下配合球團播放我的專屬應援曲，帶喊「OEO」；一下鼓譟現場鯊魚隊球迷齊喊：「便當便當！揮棒落空！」

現場真的「臺」得不得了，老外們也跟著玩得相當開心！

賽後，在當地生活三十多年的同鄉會前輩還特別前來致意；他說自己在阿德雷德生活那麼多年，從沒有看過那麼多臺灣人聚在一起玩得如此開心。當時我也以熱情的臺灣球迷為榮，而回饋他們最好的方式，正是一起在零距離的球場留下無限回憶的合影。

相信的力量

直到我確定要前進澳職後，經紀公司才提起智勝、陳鴻文也會同行，但加盟的是布里斯本俠盜隊。另外，蔣智賢和張進德也在同一年加盟雪梨藍襪隊。隨後陳冠任也來了，而且還和我共同為阿德雷德鯊魚隊效力。

比起前一年孤身在日本獨立聯盟奮戰，一下這麼多位好友一同在國外打球，即便多數不同隊，但光是賽前、賽後相遇的聊天打屁，或偶爾相約餐敘，都能大大排除身在異鄉的寂寞之感。

聽說阿德雷德是臺灣幾家航空公司訓練機師的基地之一，因此常有長相「格外親切」的年輕機師會來球場看我比賽，加上近年澳洲仍是諸多臺灣青年短期打工、體驗國外生活的首選；

不免俗會讓我拿阿德雷德和同為「德」字輩的德島做比較，對稱兩座城市截然不同的氣息——青春活力vs.退休慢活。

兩年期間在外地受人諸多照顧的我，總喜歡在賽前或賽後空檔，把握親民的球場格局和前來為我加油的青年閒聊。很多時候我都快分不清到底誰在鼓勵誰，畢竟，他們來看我、我看到他們，都是支持彼此繼續打拚的動力。

其實「有件事」，真的是我出國打球後才更加能體會。我指的是那種——和你沒有血脈連結，但卻願意為了你，不顧一切只希望能激勵你、替你開心的力量。

過去我在國內打球時，多數僅留意到自己的表現有時能帶給一些人勇敢追夢的勇氣；所以我總是格外要求自己的言行舉止，一定要成為良好的榜樣。但來到日本、澳洲後，有好幾次，真的是球迷撐起我再戰下去的鬥志。

在澳職的第一支全壘打，是在跨年前兩天於布里斯本球場出戰俠盜隊時才擊出。這對走美式強力棒球的澳職來說，不是一件太特別的事，但對我言，每一支全壘打都如同老爺車般的身體竭盡所能輸出，也是我致贈球迷最好的觀球禮。

遠從臺灣來的後援會朋友建安，在我擊出全壘打球那一刻，就不假思索地起身去外野撿球。由於布里斯本球場沒有外野觀眾席，就沒有設置通往外野的球迷通道。當時建安為了求快，決定不走正常開放的本壘後方出入口，改從有管制的三壘側出口往外直奔；警衛見狀急忙要攔阻建安，但已顧不得那麼多的他，僅用簡單的英文邊跑邊喊：「Taiwan number one! Taiwan number one!」

我事後從建安口中聽到這段趣事時笑到不行，也欽佩他為了我展現的勇氣。他表示，跑出去之後看到不少小球迷也在尋球，但球其實早被我在外野牛棚休息的隊友撿走。不確定隊友們是否有留意到這顆球代表的意義，建安第一時間就表示願用臺灣帶來的小禮物幫我換回，最後這顆首轟紀念球也如願回到我手中。

然而，建安的瘋狂之舉還未停歇——

隔天，十二月三十一號，表訂為了工作得先返臺的他和後援會一行人，依然跑來球場為我加油。事前就知道他們無法看完整場比賽，大概中後半段就會因趕登機時間而離開，所以前三個打席我很賣力地想用表現向情義相挺的他們先說聲新年快樂，可是我卻不斷錯失機會。

第四個打席上場前，我不再能從觀眾席上聽到熟悉的加油聲，心想加油團大概趕飛機去了，真的很可惜沒有拿出好表現來致謝……

殊不知——

當我邁出場邊準備區的圓圈，正要踏入打擊方框內時……

球場左外野傳來嘹亮又熟悉的吶喊……

「O~EO EOEOOEO OEOEEOE EOE OEO O~EO！張泰山加油！」

「哇勒！你們到底趕不趕得上飛機呀！」我看向左外野，忍不住又笑出來。

原來，是他們叫的 Uber 司機剛好也是旅澳臺灣人。他們準備搭車離開球場時，發現快輪到我打擊，於是央求司機快速評估路程時間，假如來得及，希望能通融一下，讓他們再為我加油一次！

「好啊！沒問題！」司機說。

見著在外野又叫又跳的大夥，我知道，我還有機會獻禮。於是我讓自己進入一種極度沉靜的狀態，這是多年來蓄積的心理素質；深深吸一口氣後，以最快速度調整好專注力和揮棒設定。

「來吧！我準備好了！」

這一刻，是連我自己也許久未見的「王者模式」。

過去幾年，我隨著好多好多念頭、好多好多境遇將就，使得「森林王子」似乎日益隨著遭遇頹喪為「叢林大叔」。但這群球迷依然愛我，在我每一次踏上球場，都比我還相信自己依然可以揮出致勝全壘打。

「王者模式」可使我的感官系統完全活化，讓我清楚感知到自己的心跳、呼吸、肌肉張力，甚至洞悉出對手的細微節奏。而對手一旦陷入我的「王者模式」，則會感受到一股寒慄，使他聽不見隊友的激勵，眼前盡是即將被我摧毀的幻象。

「很好！你怕了！」

白球伴著高速旋轉而扭曲空氣的嘶唳聲從投手丘飛來——

但我聽得出來球質變了。

愈加清楚的縫線也洩漏投手扣球不足的失投端倪……

我篤定踏下前跨腳，配合極為順暢的軀幹旋轉帶動上肢雙臂。

接下來——

就是由木棒撞出那聲清脆的乍響——

「新年快樂！我的好朋友們。」

飛向外野的白球，親送我對這群瘋狂球迷的致敬。

本壘

歡迎回家

是不是離家太久的孩子，即便擁有璀璨的生活——只要說起家鄉，心裡還是會有一股化不開的愁呢？

某日，我漫步在鄰貼阿德雷德的聖文森特灣，明明是在環山中長大的孩子，卻只能看著海寄託想念。

走著走著，我突然掉入回憶裂縫，腦海裡的畫面倒敘放映幾段關於我的曾經；有的實在幸福、有的說來奇妙，還有的是一旦命運偏離原先的軌道——我將會過上怎樣的人生？自己也不知道。

再見・全壘打

先從幸福的橋段說起——

二〇一七年，澳洲職棒明星賽在墨爾本開打。按聯盟慣例，明星隊分為澳洲本土明星隊及各地好手組成的世界明星隊。世界明星隊成員大多是美國小聯盟潛力新人，而當時雪梨藍襪的智賢和進德，還有布里斯本俠盜隊的智勝，因為在各自母隊的精湛表現被獲入選，使臺灣成為美國以外最多人入選明星隊的棒球強國。

當時我在一壘手和ＤＨ間的名額游移，由於成績沒有特別突出，想打明星賽只能靠網路票選來爭取剩下的外卡名額。

誠如先前說的，棒球在澳洲並不熱門。球迷對於明星賽票選總顯得意興闌珊，尤其是和他們沒淵源的國際球員，票數經常寥寥無幾。

但愛我的球迷自然不會放過「合法」送我進明星賽的機會。礙於當時「一組 mail 帳號只能投一次」的限制，後援會、粉絲團大力幫我宣傳催票，使得我最終以破天荒的一萬零八百三十四張票高票入選（第二名才五百四十四票），驚動官方不得不留意我的人氣魅力。

隨著澳職球季倒數，因為球隊並未打進季後賽，我的旅澳首年生涯也將告一段落。當時的我，很難具體說明有沒有什麼想法。尤其是面對「未來」這類話題。澳洲媒體不斷載述我的過往成績、身手和不凡人氣，認為我不會就此高掛球鞋。

可是，四十一歲了——我還能有多少個明年？

心裡的忐忑，或多或少影響我在場上的狀況。可是，這無損球隊接下來對我的規劃。

二〇一八年一月二十七日，阿德雷德鯊魚隊將在一日內完成球季最後兩場比賽。

第一場比賽，我的表現依舊不盡理想。

第二場，就是球季最後一場賽事。五局結束仍毫無建樹的我心想：「大概……就這樣了吧？」

殊不知——球隊早已安排好溫馨橋段。

多年來，阿德雷德球團在中場休息時，有段極具特色也很受歡迎的「鯊魚賽跑」遊戲。活動流程很簡單，就是鯊魚化身的吉祥物從右外野入口先起跑，一段距離後再開放球迷一樣由右外野出發去追鯊魚，之後再一起循默契路線從左外野跑出球場外。

我的寶貝可妮每次比賽最期待的就是這個中場遊戲，但因為鯊魚總是先起跑，可妮老是無法跑贏鯊魚。

例行賽最後一場的「鯊魚賽跑」，球團特別邀請靜宜帶著兩位孩子出場。原先，球團是安排鯊魚依慣例先行起跑後，再接著由靜宜帶著可洛、可妮出發；但這次鯊魚不會一股腦兒往左外野場外跑，而是會來到投手丘旁等候我的太太及孩子們，最後再由當天中場節目主持介紹我們一家，謝謝我為阿德雷德帶來的人氣和精采。

不確定可妮是沒搞清楚狀況？

還是和她老爸一樣有不服輸的個性！

可妮眼見鯊魚意外停下後，索性加足馬力便往左外野出口狂奔！

靜宜喚不回……

工作人員看傻眼……

接下來的劇情，就是頭上三條線的鯊魚與後方一票參與「鯊魚賽跑」的球迷跟隨可妮「英明」的腳步跑，徒留主持人像念 Rap.一樣快速介紹我們這一家……

而面對這失控的場景，相信所有觀眾的注意力焦點都和我一樣，根本沒人在意主持人說些什麼，只為終於跑贏鯊魚的可妮爆出歡樂的笑聲！

有了這段爆笑插曲加持後，下半場的比賽，鯊魚隊彷彿擺脫整季不振的頹勢找到活力泉源。

八局下半，鯊魚隊員群起進攻。

當時依棒次來看，我一度以為八下不再有機會，於是調皮地在球隊領先的情況下，搞笑站上一壘側客串一壘跑壘指導員，希望能在最後兩局延續歡樂給現場球迷。

沒想到——

看著隊友們連續安打上壘之際，卻不見教練示意其他隊員代打我的棒次，於是我帶著不好意思趕緊跑回休息區準備。

兩人出局，四比一領先；第三棒被保送形成滿壘後，輪到第四棒的我上場打擊。

「這會是我的最後一舞嗎？」

熟悉的應援曲再度隨著我的步伐響起。

「我該怎麼享受這一刻呢？」

這時觀眾席的臺灣球迷也齊聲喊道伴隨我十餘年的「OEO」口號。

「糟糕！早知道不應該多想的！這樣對打擊節奏不太好……」

踏進打擊區後，我很努力要讓自己進入「王者模式」。不過聽說這種最佳狀態是無法透過刻意而進入的「心流」。

「專心！專心！專心！」我不斷對自己喊話。

投手投出——

外角偏高角度，一壞球。

「專心！專心！專心！」我繼續對自己喊話。

投手投出——

我出手擦棒，一好一壞。

「專心！專心！專心！」我持續對自己喊話。

投手投出——

這次揮棒落空，兩好一壞。

「專心！專心！專心！」我只能對自己喊話。

投手投出——

偏高壞球，兩好兩壞。

「專心！專心！專心！」我依舊在和自己拉扯。

但這次——

「有了！」當我正對眼前來球驚呼之餘，二十餘年累積的身體本能早就啟動。

一顆偏高球路，被我點滿火藥的球棒完全咬中！

「真的再見了。」

不曉得為何——當下我只聽見這句從心底響起對職業球員身分的告別，其他屬於這個世界的音頻完全淨空。

✦

我當然知道「八下」又「領先」。

使得這支「再見．滿貫全壘打」只有心理上的意義，不是真的符合棒球規則的定義。

但我仍壓抑不住內心的激動⋯⋯

我笑著——

當我沿途脫下帽子向所有給予祝福和機會的人致謝，這是我需要大方嶄露的姿態，為著我所獲得的恩寵致意。

我哭著——

當隊友們紛紛上前給予我溫暖無比的擁抱，讓身處他鄉的我仍然感受到那股不論種族及國界的感動。

因為這「幸福」來得突然。

有許多好友都說鏡頭下的我有時顯得茫然。

但實際上，我感受到自己心裡頭正充滿著以不捨為首的複雜情緒逐漸加溫著；不捨自己最引以為傲的職業生涯就要謝幕；不捨自己最後的職業終點是在異鄉結束。不過我希望自己能掛起笑容，留給自己和球迷最後的職業印象，依舊是那位「微笑泰山」。

所以——

就是大家見到的那樣「表情錯亂」。

全壘打就送一百條香腸

澳職這支最後的滿貫全壘打，為我的職棒生涯畫下了一個完美的句點。現場球迷的歡呼聲與靜宜的眼淚，至今回想起來仍然會在我心裡掀起些許漣漪。

說起滿貫全壘打，我在中職季賽累計七支，季後賽兩支，滿貫全壘打總是會為球賽帶來一波高潮且令人印象深刻。記得三十多年前，我在國小也打出過一支很難忘的全壘打。

那是國小六年級發生的事，一場泰源國小對上東河國小的比賽中，打到最後一局的六局下（少棒比賽只需打六局），仍以六比四落後東河國小兩分。而在這最後半局，我們攻占滿壘，這是我們唯一的反攻機會，輪到我打擊時，已是兩人出局，雖然已打過無數場比賽，但仍難免感到緊張。

一好球進壘，教練和後援會的叔叔、阿姨們此起彼落地喊：

「加油！加油！」

球數來到兩好三壞，正當大家屏氣凝神地觀看球賽的發展，突然有個聲音劃破這一切：

「全壘打就送一百條香腸！」場邊賣香腸的老闆高喊著。

而伴隨著這個聲音的是：「砰！」

我擊出的球高高地一直飛、一直飛、一直飛，是一支全壘打，而且是一支逆轉的再見滿貫全壘打！

全場歡聲雷動！開心之餘，大家沒有忘記香腸老闆的承諾，就在準備散場的同時，其他球員和後援會們便簇擁我到香腸攤前討賞，當時我還很不好意思地說：「不要啦！」但大家都認為賣香腸的老闆要說話算話，所以我們一行人便挨到香腸攤前，我羞澀地不敢開口，後援會的叔叔、阿姨們便你一言、我一句地幫忙討，起先老闆還有點賴皮不想認帳，但目擊證人太多了，寡不敵眾，就算想賴也不見得走得了，只好忍痛數著香腸。

為什麼穿49號？

說完「結尾」，再來分享「起頭」。

遲了二十多年再回頭解釋這道問題——為什麼穿49號——其實挺有趣的！

棒球場上，背號，經常能代表一位球員的地位、故事或信念。

有關「地位」方面，亞洲的基層棒球似乎比較明顯。尤其在臺灣，高中以下30號通常是代表總教練，其他助理教練依輩分排序為29、28、27；選手方面，1號通常是隊上王牌投手，10號則為隊長，2到9號較常是該次比賽對位守備代碼（二是捕手、三是一壘手等依此類推）的主力；不過有時也會依年級考量，把「個位數」背號讓給該守位的高年級選手，做為資歷上的尊重（亞洲棒球很重倫理、輩分）。

職棒以後，除了幾個臺、日棒球才有的默契，如18號直指王牌投手，比較少明顯的號碼意義。所以，有些人會用家人或愛人的生日做為幸運數字，給自己一股強烈的羈絆勇敢戰鬥；有些人會去給命理師精挑，選一個有利事業發展的密碼；有些人主動承襲兒時偶像的象徵番號，或者由球團指定賦予承先啟後的重責大任；有些人則是根本沒得選擇，依報到時從現有庫存發配（很多洋將都是如此）。

「49號」。

很多球迷都說不論是不是在棒球場，只要一看到這組數字就想起我。

第一次聽到時覺得挺光榮的，原來自己有這般能耐，可以像麥可．喬丹和恰恰一樣有「23號」做為代表、像金鋒獨攬「52號」的記憶。

「49號」是我入主味全龍時自己選的，但當時沒有什麼特殊考量。

由於我對數字沒什麼迷信，也認為「有意義」的背號過於沉重。因為「打好棒球」本身就很難了，還要花費額外精神去背起陳年典故，對我來說實在過於折騰。若硬要說偏好的話——我喜歡兩個數字湊在一起，形成一種成雙成對的和諧之感。

挑選背號當下，我看來看去後相中「四十九」。它先讓我想起美式足球的舊金山四九人隊（San Francisco 49ers）。記得一回我看到四九人隊的比賽時，猛然覺得該隊球衣設計特別吸睛！然後，「49」這組數字，在我的「泰山美學」中符合勻稱的比例及平衡感，搭配我的身材——直覺上相當適合！剛好當時龍隊陣中沒有球員使用這組號碼，於是，就由我來扛下賦予它「意義」的重任了。

不過，選定號碼後，幾位學長都說「49」不好。他們說這組數字前面有個臺灣人忌諱的「四」，後面又有個差一步就完整的「九」，加上傳統民俗總說「逢九必衰」，無法理解我為何偏偏青睞它——

之後，我看到不少隊友會在季前更換背號，希望藉此一掃前一年的運勢、陰霾。還有人索性改成更「出雙入對」的號碼，像是22、00、88、55、77等，看能不能因此「好事成雙」。

因此，我職棒第二年陷入表現瓶頸時，一度興起換背號的念頭，但很快就被靜宜勸阻。靜宜認為背號就是球員的象徵，一來，常常更換球迷不容易記住；二來，我怎麼可以這麼輕易「背叛自己」呢？

她說得很有道理！所以我堅持下來！

就這樣，「49號」一路從我進入職棒開始，陪伴我及深愛我的球迷至今。

我從沒想過有一天「它」會成為一群人共有的記憶代號；也許不到「傳奇」的地步，但至少曾發光發熱過。直到最近又知道有不少打棒球的新兵——因為我，選擇「49」——看著曾經由我掌握的火炬，改由新生代大能者傳遞著，心裡甚是欣慰！

我不會吝嗇有人與我共用這組號碼，只希望每個有機會穿上「49號」的球員，都能感受到我二十多年來的堅持——

堅持讓「打棒球」成為一件很快樂的事！

身經百傷亦是堅

再說一件比打職棒更久遠的事。

身為運動員，受傷，本是家常便飯的事。只不過，有幾次傷害險些讓我見不到明天的太陽……

我經常覺得記者很會拍，總是可以把我健白的牙齒照得好似牙醫診所的看板廣告。但我猜很多人不知道，我的上下排牙齒，其實——全是假的。

事故得追溯到高一那年。

一天，球員們正在球場進行例行打擊訓練。當時賣力揮棒的美和隊友張琮貴，一個不小心用力過猛導致球棒從他手中伺機逃脫，結果不偏不倚被我的下顎「攔下」……

「×！泰山！你沒事吧！」目睹驚悚畫面的隊友們紛紛驚呼。

在那瞬間，我完全說不出話，只覺得鼻子以下完全麻痺……隨後我吐出一灘鮮血，當中還附帶幾顆牙齒和被擊碎的琺瑯質……

我很快被送到醫院，嘴唇裡裡外外縫了好幾針；結算下來共有「九顆」牙齒被擊落，唯一頑強的是一顆正中間的門牙，但也處於搖搖欲墜的狀態。

「通（痛）溼（死）偶（我）了……」變形腫脹的嘴巴，害我連話都說不清楚。可是，這只是一切痛苦的開始……

傷後幾天，我完全無法進食。每天只能吸點牛奶，餓了好幾日……使得原本食量頗大的我，體重因此急速下墜。

除此之外，還有另一件事，更讓我「傷心」……

「泰山！你剛剛說什麼？再說一次！」一群調皮的隊友們對著我嘻嘻哈哈問著。

「偶（我）搜（說）尼（你）摁（們）好壞！」我帶著「漏風」的口音怒斥他們。歪七扭八的發音，別說他們，連我自己也很想笑。那陣子只要我一開口，隊友們就會哈哈大笑，還會故意你一言、我一句地學我說話，真是有夠欠揍。

由於那顆不願接受「都更」的門牙造成我好大的困擾，後來複診時，我只好操著「漏風」口音，盡力一字、一字緩慢地對醫生說：「醫森（生），能屋（不）能請尼（你）骯（幫）

偶（我）阿（把）宗（中）間那顆摁（門）牙也阿（拔）掉，因為它阻礙偶（我）的咬合，偶（我）勿（不）能吃東西，只能喝牛奶，偶（我）真的好餓哦！」

我看得出來醫生很努力了……

很努力憋笑……

最後醫生不敵我可憐又哀求的樣子，只好答應我。隨後轉身拿起拔牙工具箝住我的牙齒，接著對我說：「我現在要幫你拔掉那顆牙！我數到三，你往上、我往下！」當下為了盡早擺脫痛苦的我沒多想，就跟著照做，以兩人「合作無間」的方式順利完成拔牙任務。事後回想起來，才覺得過程怎麼這麼土法煉鋼，害我一直在心裡反芻這樁笑話好久、好久！

此外，當時還有一段插曲更讓我哭笑不得。

從小離鄉背井打球，為了不讓家人擔心，我一向「報喜不報憂」。原本「滿地找牙」一事也打算隱瞞一輩子，因此再三吩咐臺東的同鄉學弟，要他們千萬不可以告訴我的家人。但事發幾天後，媽媽和大哥突然滿臉愁容地出現在學校……

口齒不清的我盡力安撫憂心忡忡的家人後，便氣得想去找同鄉學弟理論！

「為什摁（麼）要告訴偶（我）的家人？」我很氣，但發音還是不標準。

這下知道我生氣的學弟不敢笑了，但語帶無辜地說：「沒有啊！我只告訴我阿嬤，怎麼會知道阿嬤會告訴你媽？」

面對天兵般的學弟，我真是氣到差點暈過去……

✦

不過，其實在這傷勢的前一年，就是我國三的時候，還遭遇一次更嚴重的傷害……

我不覺得自己特別笨，但大概所有聰明才智和記憶力都獻給了棒球；所以生活上的大小事我老是忘得像置身事外，常惹得老婆氣呼呼的。她常說：「哪天你會不會也忘了你老婆是誰啊？」有時還會問我：「你的腦袋是不是以前摔壞了？」

通常她這樣講的時候，前面那句我會極力反駁！

因為——**我怎麼可能會忘了我的今生摯愛呢**?!（老婆！整本書就這句最重要！）

但後面那句，我還真的經歷過。

國三那年的全國聯賽前夕，球隊結束練習後，大夥正要步行回學校。

當天我走在隊伍最前面，離人群有一小段距離，手裡還拿著和同學借來的隨身聽，陶醉在聽西洋歌曲的小確幸中。

這時，有位騎著機車的冒失鬼，震耳欲聾地催滿油門從後方呼嘯而來；聲音大到讓某位球友氣得大喊：「騎這麼快，找死啊！」

怎料！他的話還來不及透過空氣傳播進入騎士耳裡，整輛機車就先發出淒厲的煞車聲，接著「砰」的一響失控地朝我飛撞過來。

一切發生得突然！

上一秒我還置身在悠揚的樂曲中；

下一秒我就被撞倒在地了……

隊友們趕緊丟下手中的球具跑了過來，但我不知道哪來的力量還勉強地站起來，並說了一句——

「扶我回去。」

隨後就倒地昏迷不醒了。

（以上場景都是事後聽同學補述的）

騎士闖禍後身處滿地球棒的險境中，嚇得趕緊騎著受損嚴重的機車揚長而去，但最關鍵的「車牌號碼」早已深深烙印在機靈的高建龍腦海中。平常兩光的同學們，各自去報警、叫救護車，幫助我第一時間獲得最好的照顧。之後送醫檢查，身體方面並無明顯外傷，可是有出現腦震盪現象，所以仍需留院觀察。

住院期間，我一直覺得很難分清現實還是夢境，總之，整天都昏昏沉沉。肇事的年輕人後來有家人陪同前來向我道歉，我還隱約聽到王恩鵬教練痛罵他：「你知不知道！他以後有可能會成為明日之星吶！如果因為這樣無法再打球，看你該怎麼辦？」（這段應該不是在做夢吧……）

由於對方是單親家庭，家境也不好。那幾日從臺東前來照顧我的大姊和我討論後，決定不追究也不要求賠償了。

只是……我們家也沒有太多閒錢可以讓我繼續住院觀察，加上大姊必須回臺東工作。於是，住院一週後，我就帶著依然暈眩的腦袋回學校休養。想說，至少在學校還有校方人員和同學可以就近留意我的狀況。

頭部傷害的後遺症是在幾年後才陸陸續續出現，加上後來在時報鷹業餘隊打球時，又因一次交通事故撞到。使得我現在只要進行下蹲、低頭等可能造成腦壓上升的動作，就會出現比正常姿勢性頭暈還不舒服的狀況。除了生活中難免造成一些困擾，重量訓練的操作姿勢與重量負荷也無法堪比一般正常運動員。

正面來看。

這些嚴重傷勢都是發生在我的職業生涯之前，讓我有足夠的時間可以理解、掌握自己的身體狀況。雖然進職業後偶爾在訓練質量拿捏上，難免出現不曉得我狀況的他人認為我老是「特異獨行」，使我幾度為了顧全大局而妥協。直到我的身體與成績誠實地反映出「不適」後，才讓我更有勇氣去與相關人員溝通，建立更貼近我實際情形的訓練內容。

也因為這樣。

即便自己偶爾會因為個人的經驗或偏見而誤解他人，但只要我發現自己錯了，是自己忽略了一些我所不知道的事，就會立刻表達我的歉意，並希望與對方討論出更體貼的互動方式。

人家常說：「經驗，就是最好的導師。」就是這份道理。

因為「傷勢經歷」，我更懂得照顧身心健康的重要性；使我二十年的選手生涯，幾乎都能繳出平均水準以上，甚至超越頂標的表現。而它也幫助我，在出了球場之後，學習成為一位體恤他人的大人；督促我時時留心他人的需要，以及尊重別人獨一無二的經驗背景。

你會因為經歷而感到自卑嗎？

你會好奇——為什麼二〇〇五年，我會選擇重拾書卷、重返校園？

其實，除了要藉此提升我的個人知識水準以外。

我更「想」的是，藉由自己的行動及把握有限的影響力，成為一些「人」的精神標竿。

先說點輕鬆的！

當初決定報考臺體後，很多人告訴我，依我的職業類別和身分可以選擇更輕鬆的進修方式。但我想的是，既然都要讀了，就要循規蹈矩地完成學業！

由於職棒比賽幾乎都在晚上，球隊練球通常也是中午過後的事。我確定上榜後，在一些我可以掌握的選修課，都會盡可能塞在早上，使我能夠親自到校參與課程。

高中畢業便斷了書香氣息的我，回到學校後自然惹來不少趣事！

記得有一次課堂老師問班上每位同學的英文名字，輪到我回答時，班上的人紛紛轉過頭來好奇之後怎麼稱呼這位「重量級同學」——

「我喔！那個……就叫我『OEO』好了！」

語畢，瞬間引來全班哄堂大笑！

拜讀書之賜，有很多很受用的知識、人生道理，我都是在書海中尋覓而得的。

一般來說，我最喜歡閱讀的類型是人物傳記；舉凡球界的知名前輩到各行各業的菁英，都能幫助我吸收到他人用畢生之力鍛鑄的智慧結晶。不過，有一篇非來自人物傳記，而是出自社會學研究的文章，至今仍讓我印象深刻……

那是一位社會學家為了研究「遊民現象」，而讓自己露宿街頭、飽受風寒幾日的反思。社會學家提到，這次經驗讓她徹底翻轉對於遊民的觀點，也讓她深刻感受到那種被社會遺棄、身分認同的壓抑，是如何使一個人最終難以翻身。

這讓我想起小時候，一段差點成為「養子」的境遇……

成長於原鄉部落的我，記憶中，村子裡的人大部分都是原住民；只有少數幾戶是膚色、口音明顯不同的閩客族群，以及咬字更為渾厚的外省移民。

若不是要簡單敘述家鄉的人口結構，老實說，我很不喜歡依現在的角度來區分族群。因為從小媽媽就教導我「大家都是一樣的」，只要共同生活在這片土地上，不論他的背景為何、來自哪裡，都要好好善待彼此。於是，活潑好動的我在村裡結交了很多朋友，笑口常開、逢人就問好，是個調皮但又得人疼的孩子！（自己說還真有點不好意思……）

這份教誨背後其實有段故事與我有關，但我幾乎是全村最後一個知道的（小村子就是這樣，基本上沒什麼祕密可言）。

村子裡有位獨居的外省伯伯，沒有其他家人相伴，獨自經營著一間小商店。他和村裡的小孩感情都不錯，對我又加倍疼愛。

我始終以為是自己長得可愛。

又或者見到他時打招呼的聲音和笑容格外燦爛，使他對我的印象特別好。

殊不知，這份感情原本還有更加厚實的可能。

爸爸離世前和這位伯伯有著不錯的交情，伯伯一直知道我們家過得辛苦，於是曾和父親提起收養我的想法；不僅允諾爸爸會好好照顧我、歡迎家人隨時接我回家吃飯團聚，更連對我的教育規劃都想好了。

面對對方盛情分享，又想起我可能會在更好的環境下，成為村裡少數有大學學歷的有為青年，拿不定主意的父親只好延宕答覆，連忙道謝後表示回家再與太太——我媽——討論討論。

「這有什麼好考慮的？家人就是要在一起！再苦，我也會親自養大泰山！」聽說平時溫柔婉約的母親，在那次與爸爸的溝通中難得顯露霸氣，完全沒有半點猶豫。

就這樣，爸爸回頭婉拒了伯伯的提議，但我們兩家仍舊保有很好的互動及情誼。

✦

我曾在網路上看過一句諷刺意味十足的話：「貧窮，限制了我們對人生可以過得多麼浮誇的想像。」除了本意上是為了突顯金字塔頂端的生活有多揮霍，還有社會底層的感嘆與無奈。

對我而言——

我的人生差點就因為「貧窮」，不曉得會被改寫成怎樣的版本？

儘管如此，我還是認為自己很幸運。

因為我的生命中有了棒球，也因為職棒這座大舞臺，讓我被很多人看見、被很多人喜歡、收到很多人無私的支持與鼓勵。這樣豐沛的「正能量」是每一畝心田都需要被覆蓋的養分；它能撫去我們曾經的遺憾與失望，也能包圍著我們、使我們更容易相信「明天會更好」，但不是每一個「人」都有相同機遇可以接收到這股強大的心理動能。

所以，我說——我很幸運。

換個角度想。

我認為，我也很努力。

不論從本書的第一章、第一頁翻起，還是從我誕生泰源村的那一天算起，我的周遭總是充滿著大大小小的攔阻。光講和「棒球」有關的遭遇就好了！有多少抉擇點，只差我沒親手謄上「句號」。

但，這其實沒什麼特別的。

因為——正讀著這本書的「你」或「妳」，也許還走過比我更辛苦的路。

我想表達的意思是，我一直沒有被家庭境遇、負面情緒、球場挑戰……等內外因素限制我對自己的想像！

縱使——

我曾經因蚪蚪飯而感到自卑；

曾經因年少輕狂被退學；

曾經面對王朝球團突如其來解散；

曾經熬過多年的身價貶抑；

曾經走過被釋出的自我懷疑；

曾經為了打球而浪跡天涯。

「但我從來沒有真正放棄自己！」

當「這句話」在我心中響徹如雷時，身處的聖文森特灣，海浪依舊平靜。

我突然感到一種大自然對人類心聲不屑一顧的藐視，但很快又意識到自己應該保持謙卑。

畢竟，相對人類更古老的存在，肯定見證更多我們無法想像的風霜吧?!

「到了這般歲數了，我還需要證明什麼嗎？」

我停下腳步，坐了下來，凝視眼前這片淡定，問起聖文森特灣。

「還是——我本來就不需要想這件事情呢？」

海鷗翱翔著，海灘上的人們享受著；大灣依舊做自己，沒有回答我任何問題。

「那我——該回家了嗎？」我繼續不死心地問，「我現在回去……會不會被……」

一陣浪頭突然打破了靜默，好似阻止我別再亂想。

「哈哈！原來妳也是會說話的嘛！」

這時，海灣改拉太陽下水；把海面上的漲紅嫁禍給夕陽餘暉。

「好吧！我明白了！很高興和妳聊天！」我站起身子，拍了拍衣褲。

「那——我要回家嘍！等我見到太平洋時，再替妳向他問好。」

「回家」

二〇一八年初，我回到臺灣，這片我最愛的土地。

「既然我的棒球起點是在這裡開始的，那麼，說什麼我也要回到『HOME』，這樣才像個棒球員該有的氣魄。」拖著舉家返國的大包、小包行李，步出桃園國際機場時，我的腳步卻是輕盈的。

十歲左右就開始打球的我，一直到不惑之年才讀懂棒球早就教我的事。棒球選手經歷日夜刻苦的訓練，就是為了習得一身「回家」的本領；而且最極致的表現姿態，就是輕鬆回家。

少了勉強和執念，回國沒幾日我就決定加盟當時新成軍的臺中市成棒隊（臺灣人壽成棒隊），以業餘選手之姿為自己球員的生涯歇筆；此舉的目的當然不是為了虐菜，更不是為了突顯自己還有多少能耐，而是更多的感謝與傳承。

有這樣的念頭，不得不說和「大郭」郭源治前輩多少有些關係。我曾和靜宜說過很欣賞前輩的風範，當他在日本名聞天下後，卻選擇回到臺灣獻上自己最後的精采，而不是續留日職坐領尊榮的高薪。也許看在很多人眼裡，會認為這些載譽歸國的旅外好手是因為混不下去了才回來；可我知道前輩不是，他是真心希望自己能做點什麼，才冒著打不好的尷尬風險及輿論壓力返臺，想為國內棒球致上幾分正面效益。

同年二月六日在洲際棒球場舉辦的加盟記者會，現場來了不少關心棒運發展的人士和媒體朋友。我已不再是幾年前被鏡頭重點聚焦的球員，僅是排在林英傑、鄭達鴻等前職棒球員行列裡的「前職棒明星」。

這樣也好。

讓我有時間和「臺中市」敘敘舊，聊聊我二〇一〇年離開後都經歷些什麼，也契合我以大郭前輩為榜樣的想法，擱下席捲焦點、重返大舞臺的心念，真心融入其中，期許自己能向不同層級的棒球小老弟們分享所學。

正因如此。

這一年在臺中市成棒隊的我，從不認為自己是縱橫球場二十載的老油條，也從不看輕任何一位對手、任何一場比賽；縱使投手丘上的投手是高中剛畢業的菜鳥，或者隨球隊來到河濱公園旁的簡易球場比賽。

說到這，由於業餘比賽的規格不及職棒，很多時候球隊練球或比賽的場地就在簡易球場進行。雖然我在日本、澳洲也不乏類似經驗，過去學生時期也是在這樣條件下磨練球技，但在長期相關經費及專業養護人力缺乏下，國內許多簡易球場的狀況實在需要多費心照顧。

「學長，你會不會覺得很委屈？」隊上學弟曾好奇地問。

「你說到河濱球場比賽嗎？」

「對啊！學長待過幾萬人的球場耶！現在和我們在這裡……」

「哈哈！你不覺得這也是一種『野趣』嗎?!」

說實在的，能在球員生涯倒數階段以業餘選手身分重回最簡單的球場比賽，我還滿樂在其中。不平的草地、塵揚的紅土，以及部分踏下去會發出空心聲的舊壘包，都勾起很多進入職棒後日漸忘卻的樸實，也念記起那些默默守護球場、整理庶務的偉大工作人員。

「沒有什麼是理所當然的。」

「什麼？學長？你在自言自語喔？累到了是不是？哈哈！」

「教你們要珍惜啦！」

「吼！只有老人才會一直念！學長你真的老了啦！」

很好！這下又回到可以自在用中文溝通的環境，還多了這樣沒大沒小的屁孩能一句來、一句去複習文法。

「學長！你是我的偶像吶！」

「少來！剛剛不是還說你愛彭政閔。」

「沒有啦！恰恰賢拜喜歡！我也愛你啊！謝謝你回來教我們的一切。」

冷不防被學弟突襲告白，我竟然害羞起來。於是，我拉下原本頂在額頭上的太陽眼鏡，並有意無意地拍打手套中心假裝塑型。

「學長！害羞勒！」

「唉唷！你好吵喔！能不能上場之後也能這麼活躍啊！」

現在回顧二〇一八年，就像看著濃縮二十餘年球員資歷的生涯跑馬燈；所有我去過的球場、打過球的國家，以及打職棒時下榻過的飯店幾乎都走了一遍。例如，誰能想到一月還在澳洲、二月重回臺灣的我，竟然能在六月隨著臺中市成棒隊規劃的交流賽再戰德島！

而這一年內有四個特別的日子，分別是一月二十七日、六月九日、九月二十三日，以及十二月十五日。對我來說，這像極了棒球場上的四座壘包，當有機會像全壘打般一口氣巡迴踏過，總能接收到支持者的盛情，也難免聽到不同意見的評判。

誠如先前所述，一月二十七日那石破天驚的一擊，讓很多人——包含我在內——認為那是我最好也最美的職涯句點；紛紛在現場、轉播螢幕前或我個人的臉書及粉絲團上，以文字、聲援和珍貴如珍珠的眼淚予我祝福。

事實上，我確實在那一刻放下再續職業生涯的心願，但仍未擱下回饋球界的心意與責任。於是，我返國後旋即加盟臺中市成棒隊，落實給自己的目標。

六月九日，我再次回到德島，隨著新東家臺中市成棒隊與老東家德島藍短襪隊進行交流賽。賽後，德島球團念在過去我曾與當地有兩年餘的美好時光，主動發起「49號永久欠番」的紀念儀式。這項許多國外球隊常見，為了表揚歷屆傑出隊員進入更高殿堂或完成非凡成就的典禮，卻被部分關心我的球迷誤解為我在國外又張羅了「二度引退」儀式，進而讓一些有關「騙眼淚」的聲浪開始在網路上發酵。

更別說九月二十三日我在臺中市成棒隊最後一場比賽結束後，由球團規劃的退休活動（對我個人來說，那天我對著球場大喊「再見」是心中真正告別球員身分的時刻），還有十二月十五日寶悍運動經紀公司為我舉辦的歡送派對，都掀起「三度退休」、「四度退休」的質疑。

本來我沒有特別在意這些輿論，始終保持感恩的心態，希望能回饋給我機會也為我祝福的團隊。面對一連串的活動安排，我都盡力配合主辦單位的規劃，讓活動目的達成，也讓撥空前來參與的人都能玩得盡興。

直到隔年，我因答應新所屬團隊（下一段重點）之約，將在與來臺交流的澳職阿德雷德巨人隊（原阿德雷德鯊魚隊）友誼賽中客串出戰，再度引來球迷間熱議；惹得心疼我不斷被酸言螫叮的靜宜親上火線，表述我為增添賽事話題、努力圓滿活動的立場。

「沒關係啦！『家人』間總是這樣吵吵鬧鬧的。」回到家後我安慰起靜宜，「人家願意表達想法，表示對我仍然在意，甚至希望我更好！假如我真的想得不夠周全，那可能也得傾聽一下更好的意見！」

總而言之！

我不後悔自己「回家」決定！

無論如何，我都是寶島及臺灣棒球圈的一分子！

棒球教會我的——是勇敢接受挑戰、謙虛面對結果——好的，就享受當下；不好的，就努力再來。這份道理不會輕易隨著脫下球員戰袍就拋去。

更深刻來說——它早已刻成我的人生座右銘。

回「味」

二十年了，流浪二十年了，我們終於有家可回了！

二十年前，我們剛新婚，隨著球隊到歐洲旅遊，大家時時刻刻關注著味全龍是否解散的新聞，期待有轉圜的機會，但就在返臺的前一天，發布確定解散的消息……

我永遠都記得巴士回飯店的那最後一段旅程，大家明明都很難過，有些人也哭了，但為了掩飾，表面上卻是開心地唱著歌，其實我們的心就和窗外的空氣一樣冷……

隔天回到臺灣，機場有好多球迷對著我們大喊味全龍加油！不要解散！我們無言以對，因為當時的我們也很無助……我多麼希望這是一場惡夢，夢醒了，一切都還在，都沒發生，但無奈這都是真的。

球隊解散，原本要隨著徐老師到雷公隊，但因為想和其他隊友一起留在中華職棒，所以來到了與農牛。剛轉隊時，因為球隊文化不同，同時又是中華職棒最慘淡經營的時刻，為了共體時艱，我和與農有一段很長的磨合期。

待在與農牛十一年後，轉賣到統一，待了五年。這十六年，我們由衷感謝與農和統一給泰山機會，延續球員生涯並累積紀錄。

雖然球隊都待泰山不薄，但身上流著味全龍的血脈，那個紅就像是個印記，無法變緣，無法變橘；龍迷送的龍T，我一直掛在衣櫥裡，直到離開中職的這幾年，我終於可大大方方地穿出來，我們常常想著，如果味全龍還在，我們會不會能夠更好……

常在球場上看到一群人，揮舞著記憶中的那個紅，內心總是充滿著心疼與感動，對於那個紅的情感與埋怨，沒有家可回，寄人籬下，只有經歷過的人才懂。

今年味全龍突然要回來了，我相信很多人內心充滿了掙扎與情感拉扯，但看到魏董放下身段到處請益，再加上師母為了能多讓一些孩子打棒球而奔走著，我想我們必須敞開心懷去正視、面對對味全龍的情感，這不就是我們二十年來日夜企盼的紅潮再現嗎？

不需要等OB賽，不需要等主題日，我們隨時可穿著紅龍T一起吶喊，也許還可來一段瑪格蓮娜舞，告訴孩子們，以前棒球有多熱鬧、瘋狂、熱血，味全龍三連霸時有多精采！

二十年變化真的很大，泰山已從長髮飄飄的青壯年變成了髮禿肚大的中年大叔，回不來了！許多龍將也轉換工作離開棒球圈。而最大的遺憾與心痛，莫過於徐總猝逝離開我們，永遠回不來了！想想人生真的短短幾個秋，要多珍惜所有，開心過日子！

最近這幾個月，看到各方的龍迷都有不同的想法與意見，我想味全龍是個大家庭，我們要包容和尊重不同聲音，不要傷了彼此的感情，生氣也有礙身體健康，快樂開心地看球，給自己也給味全龍一點時間，我們期待新的味全龍能讓我們尋回二十年前的熱情，多給一些鼓勵，如果做得不好，也請勇於提供建言，讓味全龍能更好！

真心期望有一天我們能大聲地說出「我龍迷，我驕傲」，一起到球場上吶喊味全龍加油！再看到紅海再現，紅旗飄揚！

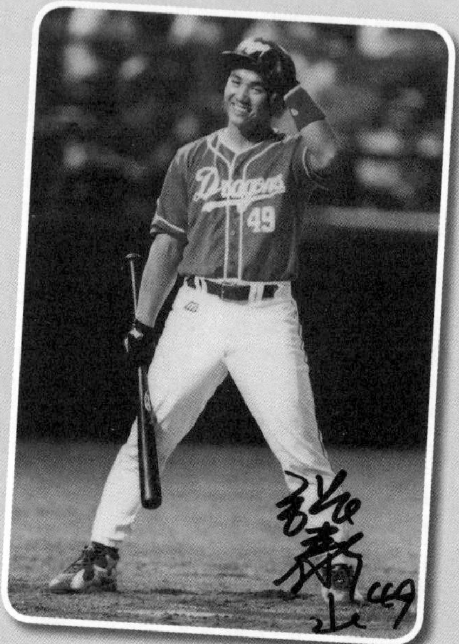

#莫忘初衷

#照片中的少年郎真可愛

二〇一九年四月三日

有夠感性吧！

多虧靜宜！不然拿球棒比拿筆順手的我，肯定寫不出這樣文情並茂的書信（也出不了這本書）。

講起來可能有點俗氣，其實當我得知味全龍即將強勢回歸，並願意找已從「小龍」變「老龍」的我擔任球隊教練，第一時間沒想起當年全隊離情依依的畫面，只閃過一個很現實、很要緊的念頭：

「噢耶！我有新工作了！」

直到煮杯熟悉風味的咖啡，聞到隨著熱氣旋起的香後，我才品出心底那「回味」的悸動。「味全龍啊！這是我當初成名的發跡地呀！」啜飲一口咖啡，正當我覺得自己快要有氣質時，「哇！燙燙燙啊！」

謝謝魏董，也謝謝味全！

經營職棒隊不是一件只要出錢就能做好的大事！尤其當這支隊伍注定背負著舊故事與新期待，更需要相當的勇氣、創意與耐心，才能擺脫必然的成見迎來新局。

幸好！味全找來獨具慧眼的君璋擔綱總教頭，除了他也是流著「龍血」、住著「龍魂」的傳人，還具備新時代棒球的知識與眼光，為球隊注入結合運動科學的新式訓練元素。

在他帶領下，「新．味全龍」很快贏得各隊尊重，不但組軍首年就奪下二軍總冠軍高標，也在重返一軍戰場的第二年便達陣季後挑戰賽。

正如「新同學」智勝所說，這支新龍軍充滿年輕人的熱情與天賦。只要來到球場，不管是訓練還是比賽，都能聽到球員們享受其中的笑聲與彼此鼓勵。

這真的很棒！也很重要！

轉任教練後，訓練上我主張輕鬆但不隨便的內容。因為我認為在好的關係、好的凝聚力底下，團隊更能廣納多方意見，並於最短時間內找到適合每個人的策略及方法。而面對容易鑽牛角尖的選手，我通常會用遊戲或善用幽默比喻，先轉換他們苦悶、煩躁的心情，再帶領他們憶起棒球的本質。

由於全世界的棒球觀念仍持續進步，新世代球員不再能夠以過時的思維教育。我很慶幸自己有過那幾年的「留學」經驗，不僅接觸到美、日在內的他國訓練邏輯，也遇到許多不同背景、不同文化的棒球員；在他們身上看見的故事和堅持，都讓我更能同理年輕人的需要。

現在的我，一點都不眷戀過往的成績與頭銜，反而樂見以我為名的紀錄被更有能力的後輩打破；偶爾，我還會主動和年輕球員打賭，藉此激起他們的潛力與鬥志，突破早該被挑戰的「泰山障礙」！

我真心以這支充滿活力的團隊為榮！

同時，也希望更多新、舊龍迷能多多支持、鼓勵這群正走在夢想大道的棒球小子們！

後記

來到最後一段。

有句簡單卻又寓意深遠的話，這一刻，讓我好有感觸——

「棒球，是一項從『家』出發，又努力回『家』的運動。」

回望本書第一章，我們從天母球場旁的士東路、我的棒球教父聊起；如今，我又回到天母球場，正坐在辦公室內整理最後章節。

記得，我曾與協助整理本書內容的運動心理諮詢師洪紫峯聊過，會出這本書不是為了歌頌自己有多偉大，而是希望裡頭的故事與分享，映襯我幽默、愜意看待高峰低谷的人生觀。但他告訴我，假如我只挑好笑的講、保持輕鬆的說，不見得能帶來我預期中的激勵，反而會讓人家以為我一路走來始終一帆風順。

於是，我接受紫峯的建議，把還記得的往事盡可能地攤開，讓讀這本書的你有機會找到一些面臨低潮時的共鳴，再看著我如何為你示範悠然應對。

說實在話，這本書是靜宜陪著我用近十年的時間一字一句砌成。為了將它集結成冊，我等於又回看了這段從「家」出發，又努力回「家」的旅程；而且不只一次。

無形中，我好像參透了不論是人生、旅行還是打棒球，那些表面上繞了一大圈又回到原點的人，事實上，已經不同了。

誠如，當我一直以為自己不是一個「想很多」的人，一天到晚奉勸身旁的人別太拘小節；原來我就是那經歷很多，且認真感受過、用力痛過的人。所以我的「輕鬆自在」並非完全來自原住民的天性，更多是取自接納挫敗、失望和批評堆積的高度，而站上的「心」視野。

這些磨練使我明白──**「當我們想一鼓作氣衝到目標終點，卻在中途跌倒或迷路時。適時停下來、看一看，將會發現這些插曲能使你如願抵達終點後，獲得比原本預期還要多的東西。」**而真正走完這一遭的人，才會更加明白我所說的「別想太多」並非語意上聽來的輕佻。

謝謝讀完這本書的你！

特別感謝味全龍球團的三董魏應充先生對本書的支持；謝謝資深媒體人黃麗華幫忙彙整歷年數據；感謝味全龍與統一獅球團、資深攝影師賴志峰、陳堯河、戴嗣松、游智勝、褚宗科和後援會的不藏私，讓那些精采的瞬間得以在書中呈現；感謝中華職棒大聯盟與中華棒協，提供我這麼棒的舞臺，讓「張泰山」能夠盡情地揮灑色彩。

更謝謝棒球伴我共譜這部「泰山劇集」。

臺灣棒球儼然已走出陰霾、迎向陽光，我願盡畢生心力來回饋、守護育我成長的這項運動，也邀請曾經為我加油、吶喊的你，再次點燃那份熱情（再加點溫度也無妨）！一起來傳承藏在白色牛皮球裡的感動！

AUTHOR 系列 025

HOME RUN：森林王子張泰山O～EO

口　述——張泰山
文　字——吳靜宜、洞心時刻
照片提供——賴志峰、陳堯河、戴嗣松、游智勝、褚宗科、統一獅球團
資料整理——黃麗華
主　編——邱憶伶
責任編輯——陳映儒
行銷企畫——林欣梅
封面設計——兒日
內頁設計——張靜怡、美果視覺設計（林采瑤）

編輯總監——蘇清霖
董 事 長——趙政岷
出 版 者——時報文化出版企業股份有限公司
一〇八〇一九臺北市和平西路三段二四〇號三樓
發行專線——（〇二）二三〇六——六八四二
讀者服務專線——〇八〇〇——二三一——七〇五
（〇二）二三〇四——七一〇三
讀者服務傳真——（〇二）二三〇四——六八五八
郵撥——一九三四四七二四時報文化出版公司
信箱——一〇八九九臺北華江橋郵局第九九信箱
時報悅讀網——http://www.readingtimes.com.tw
電子郵件信箱——newstudy@readingtimes.com.tw
時報出版愛讀者粉絲團——https://www.facebook.com/readingtimes.2
法律顧問——理律法律事務所　陳長文律師、李念祖律師
印　刷——勁達印刷有限公司
初版一刷——二〇二三年三月二十四日
初版六刷——二〇二三年五月十一日
定　價——新臺幣五二〇元
（缺頁或破損的書，請寄回更換）

時報文化出版公司成立於一九七五年，
一九九九年股票上櫃公開發行，二〇〇八年脫離中時集團非屬旺中，
以「尊重智慧與創意的文化事業」為信念。

HOME RUN：森林王子張泰山O～EO／張泰山口述；吳靜宜、洞心時刻文字整理. -- 初版. -- 臺北市：時報文化出版企業股份有限公司, 2023.03
352 面；14.8×21 公分. --（Author 系列；25）
ISBN 978-626-353-530-5（平裝）

1. CST：張泰山　2. CST：職業棒球
3. CST：運動員　4. CST：傳記

783.3886　　112001298

ISBN 978-626-353-530-5
Printed in Taiwan